Olivier CHOTEAU

Tests et validation : Jacques HUMBERT

100 grilles qui pétillent

Illustrations : Sylvie CLAVERY

Cruciverbiste occasionnel, amateur de définitions un peu tordues, j'ai été tenté, moi aussi, un beau jour, de créer une grille. C'est comme ça que je suis passé de l'autre côté, verbicruciste en herbe, en toute modestie. J'y ai pris plaisir, ai ressenti le besoin d'en créer d'autres, la machine était lancée...

J'ai proposé ces mots-croisés à mon entourage et l'idée ma été suggérée d'en faire profiter un plus large public. C'est ainsi que l'idée de ce livre est née.

Mais il me fallait soumettre mes productions à un œil expert. Le hasard d'une conversation m'ayant mis en relation avec Jacques Humbert, je venais de trouver la perle rare.

Rigoureux, cultivé, Jacques a porté un regard critique mais bienveillant sur ces grilles, n'hésitant pas à me faire sentir avec pédagogie lorsque l'une d'elle était un peu faible, me proposant parfois des définitions de substitution, que j'ai souvent acceptées.

Restait un point à résoudre : comment donner quelques indices qui ne soient pas trop évidents pour le cas ou un lecteur sèche trop longtemps sur une grille. Plutôt que des mots, j'ai opté pour des images.

J'ai ainsi sollicité Sylvie Clavery dont je connais les talents d'illustratrice. C'est elle qui a été chargée de réaliser les dessins qui agrémentent cet ouvrage, en apportant une aide légère au joueur en difficulté.

Maintenant que ce projet est abouti, qu'il a pris la forme concrète du livre que vous avez entre les mains, j'ose espérer que le cruciverbiste que vous êtes aura autant de plaisir à résoudre ces grilles que j'ai eu à les créer, Jacques à les valider, et Sylvie à les illustrer.

O. CHOTEAU

SOMMAIRE

Ce qui, en fin de compte, caractérise une bonne définition de mots croisés, c'est que la solution est évidente, aussi évidente que le problème a semblé insoluble tant qu'on ne l'a pas résolu. Une fois la solution trouvée, on se rend compte qu'elle était très précisément énoncée dans le texte même de sa définition, mais que l'on ne savait pas la voir, tout le problème étant de voir **autrement.**

Georges Perec

HORIZONTALEMENT

A. Revue taillée pour les corps beaux. (2 mots) - **B.** Dézingue. - **C.** Souffre parfois d'hypertrophie. - Tourne vice. - **D.** Notation en marge. - C'est la zone ! - Opéré. - **E.** Mad naisse. - **F.** Mal au doigt. - Socle. - **G.** Spécialité corse. - Chaud comme la baise. - **H.** Multiplicateur. - Ça bardait en Grèce. - Ferme la serrure. - **I.** Nourrit le bois. - Abject. - **J.** On dit in ou une ? - Fait ombre ou fait nombre.

VERTICALEMENT

1. Osso beaucoup. - **2.** Tournera au milieu. - Fait un bide à coup sûr. - **3.** Au centre d'un cratère. - Défilé à Petra. - Petite cylindrée. - **4.** N'était pas en ordre de marche. - **5.** Utile pour les mauvais chanteurs. - **6.** Ça gaze pour lui. - Permet d'arrondir les angles. - Peu solide. - **7.** Division de la couronne. - Fin gourmet. - **8.** Faire preuve de mépris. - Aperçu. - **9.** Titre honorifique. - **10.** Passagère à combler. - Fait écran.

	1	2	3	4	5	6	7	8	9	10
A										
B						■				
C							■			
D				■						
E						■			■	
F	■									
G				■						
H			■	■		■		■		
I								■		
J										

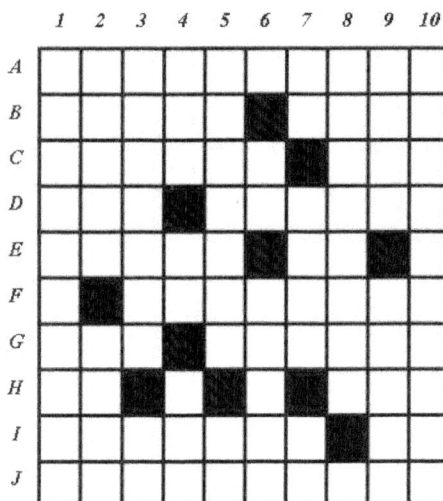

HORIZONTALEMENT

A. Transports en coma. - **B.** Mouettes et champs bons. - Porte à conséquence. - **C.** Victime d'un coup de Trafalgar. - Neuf. - **D.** Rognures d'ongle. - Fait l'unité sous la pression. - **E.** N'a pas survécu à la chute d'un mur. - Gavr ou oche. - **F.** Découper de façon incisive. - **G.** L'agité du bocal. - Vaisseau de Titan. - **H.** Résulte d'un test. - Sœur de la Lune. - **I.** Chimères nous étaient contées. - Deux blanches pour des Verts. - **J.** Un peu cache-pied.

VERTICALEMENT

1. Le dernier du culte. - **2.** Deviennent plus graves. - Énoncés. - **3.** Poème moyenâgeux. - Chef opérateur. - **4.** Pluriel singulier. - N'a pas pris parti. - Thermes belges. - **5.** Boucle en l'air. - Sœur de DS, ni drôle, ni générale. - **6.** Demi sel. - Façon de se nourrir. - **7.** S'est enflammée en 2019. - Plus élégant qu'un chasse-neige. - Ça fait rêver. **8.** Accorde. - **9.** Prénom féminin. - Père du western spaghetti qui marche sur la tête. - **10.** A une maîtresse.

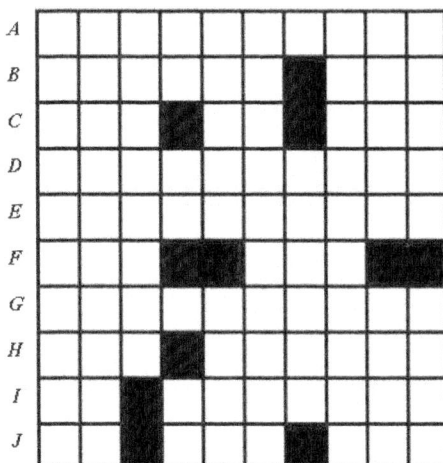

Indices p. 111 haut - Solution p. 163 haut

HORIZONTALEMENT

A. Elle est à l'origine de la disparition de nombreux lapins. - **B.** Menu dans le fretin. - Standard pour Rockfeller. - **C.** Sorties du cocon. - Forme d'anticipation. - Un proxénète dans tous ses états. - **D.** Mode d'admission. - **E.** On peut les faire de son propre chef. - **F.** Poids lourd. - Volcan Chilien. - **G.** Trompâtes de la renommée. - **H.** Met un terme à une diurèse. - Vide. **I.** Banc de sardines. - Chercheurs d'ores. - **J.** Au fond de la bourse. - Cônes. - Sarcophage.

VERTICALEMENT

1. Héros de romans policiers. - **2.** Le rouge et le noir. - **3.** L'horreur est humaine. - **4.** Grains de poivre. - Peut parfois être acide. - Conditionne. - **5.** Arbrisseau. - Fait le pont à Paris. **6.** Déboulent en viles. - **7.** Pourrait finir dans un bénitier. - **8.** Tremplin pour César. - **9.** Son herbe l'a rendu célèbre. - Surveilla. - **10.** Plus faciles à prendre qu'à attraper. - Altères des pieds à la tête.

Indices p. 111 bas - Solution p. 163 bas

	1	2	3	4	5	6	7	8	9	10
A										
B								■		
C						■				
D			■			■				
E							■			
F				■						
G						■				
H								■		
I	■		■							
J						■				

HORIZONTALEMENT

A. Peu appréciée du goujon. - **B.** Distrait en public. - Exposé. - **C.** Fouettions sans retenue. - Dans le titre. - **D.** Donne un genre. - Va à la niche ! - Hala coque. - **E.** En périphérie de Toulouse. - Bornent les bornes. - **F.** Força au travail. - Avalai en grimaçant. - **G.** Fait suer ! - Servie plus ou moins salée. - **H.** Entrée dans la capitale Islandaise. - Rejoindra. - Dans le creux de l'aine. - **I.** Géant Sibérien. - En périphérie de Vannes. - **J.** Ça, des gaines. - N'a pas besoin d'être acquis.

VERTICALEMENT

1. À faire par utilités. - **2.** Gri-gri qui fait craquer. - **3.** L'étude lui donne de la sérénité. - Fait la navette. - **4.** Fatiguons. - Apprécie les deux sexes. - **5.** Géant Sibérien. - **6.** Vulnérables. - Entre dans la composition du fréon. - Roule dans le défilé. - **7.** Finir de cesser. - Fruit d'un séisme. - **8.** Transformée par une faute de liaison. - Liquide en botte. - Indissociable du choco. - **9.** Guerre des trachées. - **10.** Jaune et blanc mélangés.

Indices p. 112 haut - Solution p. 164 haut

HORIZONTALEMENT

A. Rude lampée. - **B.** Colorisai. - S'est fait une place à Paris. - **C.** Je vous salis ma rue. - **D.** Grecque dans un drôle d'état. - Au centre d'un riad. - **E.** Sort du Lot. - Interdit quand il est dans l'eau. - **F.** Pas terrible. - Romains et Dalmatiens. - Premier fleuve hexagonal. - **G.** Poivre d'abord en Jamaïque. (mot composé) - **H.** Gonflé à bloc. - Permet de choisir. - **I.** Un pour tous, tous pour un. - **J.** Mettez à sac. - Rebattu.

VERTICALEMENT

1. La bave au commissaire. - **2.** Rapproche quand elle est longue. - Prit un engagement périodique. - **3.** Prince. - Porte à faux. - **4.** Double un avancement lorsqu'elle est servie sur un plateau. - Avant d'être Auguste. - **5** Ferez des trous dans l'émail. - **6.** Montent en gamme. - La tête sur l'édredon. - **7.** Ordonnance non remboursée. - Sacré taureau. - **8.** Pour commencer à réorganiser. - Couleur de robe. - Petite Sœur Normande. - **9.** Vieille Grecque. - Au bureau quand ils sont blancs. - **10.** Pas prête de vider son sac...

Indices p. 112 bas - Solution p. 164 bas

	1	2	3	4	5	6	7	8	9	10
A										
B				■		■				
C								■		
D										
E							■			
F				■						
G				■			■			■
H								■		
I			■			■				
J					■					

HORIZONTALEMENT

A. Colorant Voulzy. (3 mots) - **B.** Se poussent du col. - Natif du premier arrondissement. - **C.** Ça tourne auburn-out. - Opposés. - **D.** Le corps en saignant. - **E.** Quand fœtus ? - Grecque. - **F.** Réfute. - Apprécie les bouquins. - **G.** Les dossiers de l'écran. - Pour mettre un terme aux vols. - En début de semaine. - **H.** Déconseillés pour l'endormissement. - **I.** Vieille Citroën. - Nom d'un cheval. - Partie d'un ouvrage. - **J.** Le second n'est pas normal. - Entre deux arêtes.

VERTICALEMENT

1. Le drame aux camélias. - **2.** Transportant. - **3.** Indispensable pour une retraite. - **4.** À moitié tordue. - Tourne autour d'une étoile. **5.** Bulbeuse. - **6.** En Atlantique. - **7.** Commune dans le Doubs. - Temps libre. - **8.** Défend les droits de l'homme. - Montée en puissance. - **9.** Introduit. - Sécant. - **10.** Contenu. - Appréciée au logis.

Indices p. 113 haut - Solution p. 165 haut

HORIZONTALEMENT

A. L'infâme du boulanger. - **B.** Comme un poteau. - Masque à Venise. - **C.** Bon vendeur. - **D.** Été capable. - Emballant. - **E.** À fleur de peau. - **F.** Petit Z. - Exclusif. - **G.** Donnant de la hauteur. (mot composé) - **H.** Vestiges de clôture. - Sujet à Londres. - Sifflé et pas joué. - **I.** Conspuée. - Se faire un joint. - **J.** On s'y dépêche. - Chargée.

VERTICALEMENT

1. Un jeu d'enfants pour les gendarmes et les voleurs. (mot composé) - **2.** Coule de la Corne. - Reconstitution antique. - **3.** Clartés. - **4.** Je dis faut s'taire. - **5.** Mot de passe. - Composants de l'hélium. - **6.** Roc en bol est-ce ? - **7.** Tertre. - Calmos. - **8.** Réduisis aux aguets. - Comme en do. - **9.** Le contraire d'un demi-sel. - Ouverte. - **10.** Fleurit mes registres.

Indices p. 113 bas - Solution p. 165 bas

	1	2	3	4	5	6	7	8	9	10
A										
B						■				■
C										
D					■					
E					■					
F					■					
G			■							
H		■			■				■	
I										
J					■					

HORIZONTALEMENT

A. A de la fuite dans les suidés. - **B.** Reprend des forces. Se brise outre-Manche. - **C.** Crème concentrée. - **D.** Une chance de gagner. - Rejetées par un volcan. - **E.** Un cas pour l'exemple. - Excroissances rocheuses. - **F.** Treize à table. - Place au zénith. - **G.** En désaccord. - Lessiver. - **H.** Richard scandaleux. - **I.** Viriez. - Fait vinaigre. - **J.** Sans bagages. - Production andalouse.

VERTICALEMENT

1. Assurance. - **2.** Portés pales. - Marque de connaissance. - **3.** Rames. - Si c'est un homme. - **4.** Dépensière. - Ont mis fin à une longue attente. - **5** Bougonne et ligoté. - En poudre pour amatir. - **6.** Arrivée en gare. - La fin des amicaux. - **7.** Os qui ronge. - Dialecte. - **8.** Pallier l'absence de paliers. - **9.** En remet une couche - Comme le 6-1. **10.** Privés de liberté.

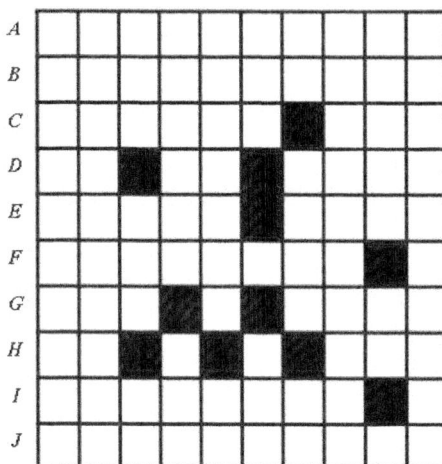

Indices p. 114 haut - Solution p. 166 haut

HORIZONTALEMENT

A. Lard d'être grand-père. - **B.** Principe de précautions. - **C.** Doit être drôle pour faire l'original. - Mis en tôle. - **D.** Morceau pour flûte et hautbois. - Vit la tête en bas. - Stakhanovisme. - **E.** Collerons. - Courroux. - **F.** Petits carnivores d'Asie. - **G.** Favorise le voyage. - Côté à la bourse de Londres. - **H.** Premier en France. - Effet comique. - **I.** Pas apprécié des Montagnards. - **J.** Vivent sous une bannière étoilée.

VERTICALEMENT

1. Trifouiller les doigts. - **2.** Prenait le dessus. - **3.** À bras raccourcis. - Longueur d'onde. - Au bout de la raquette. - **4.** La Terre sans terres. - Pour le morse en détresse. - **5.** Perdis mon temps. - Peut être vu en peinture. - **6.** A de la poursuite dans l'équidé. - Acide. - **7.** Lac de montagne. - Gugusses. - Petit romain. **8.** Phénomène mystérieux. - **9.** Eau-de-vie. - Accord ailleurs. **10.** Très remontées.

Indices p. 114 bas - Solution p. 166 bas

	1	2	3	4	5	6	7	8	9	10
A										
B										
C			■			■				
D				■			■			
E									■	
F			■							
G		■								
H						■				
I							■			
J							■			

HORIZONTALEMENT

A. Y'a du monde aux Balkans. - **B.** With label : Balkans nid. - **C.** Champagne ! - Dans le coup. - Bris de Nice. - **D.** Lieu d'apprentissage. - Carte maîtresse. - Preneur de son. - **E.** Instrument qui a du cor. - **F.** Fond de bouteille. - Portions congrues. - **G.** Ferai preuve d'attachement. - **H.** Secoua. - Son histoire est moins drôle que celles de Toto. - **I.** Souteneur. - Ont leur place parmi les ustensiles. - **J.** Méridienne. - Toujours en tête de message.

VERTICALEMENT

1. Le bon Dieu sans concessions - **2.** Fidèle. - Éméché. - **3.** Ingéré. - Base de château. - Forcé, il jaunit. - **4.** Influé. - Soumis à l'usure. - **5.** Manque d'ardeur pour traîner dans les magasins. - **6.** Expert. - De belle stature. - Gaïa. - **7.** A souvent des contours très vagues. - Sort si ça rase Poutine. - **8.** Retraite de mineur. - **9.** Au nom de la loi. - Tapis. - **10.** Ne sont guère preuves d'attachement.

Indices p. 115 haut - Solution p. 167 haut

HORIZONTALEMENT

A. Rasta populo. - **B.** Ville thermale. - Fichez-nous la paix ! - Serpent à plumes. - **C.** Surplus. - Bassins. **D.** Parfois caché sous une cape. - Va faire date. - **E.** D'une vitesse constante. - **F.** Beaucoup de bruit pour rien. - **G.** A échappé aux blessures du taon. - Mal sapée. - **H.** Enfermer pour raisons de service. - **I.** Roula pour Citroën. - Participent aux trépidations. - **J.** Met la barre haute. (mot composé)

VERTICALEMENT

1. Finit aux enchères. - **2.** Donnai du sens. - Difficile pour lui de rester neutre. - **3.** Morceau de canne. - Organisme régulateur. - **4.** Commencent en août. - Pénétra. - **5.** Scalp d'indien. - Opposées. - Terre ocreuse. - **6.** Fait des pieds et des mains pour obtenir de l'avancement. - **7.** Chasse les rongeurs. - **8.** Ne se donne pas. - **9.** Du jeu dans l'oie. - Chiffre. - **10.** Au pif.

Indices p. 115 bas - Solution p. 167 bas

	1	2	3	4	5	6	7	8	9	10
A										
B										
C						█				█
D			█							
E										
F			█			█				█
G		█					█			
H				█					█	
I								█		
J						█				

HORIZONTALEMENT

A. Starting bloque. (2 mots) - **B.** Met des paillettes dans sa vie. - **C.** Vida sa poche. - Pli équin. - **D.** Costaud avec un tel buste. - Appréciation flatteuse. - Fut lente dans sa jeunesse. - **E.** Le bureau des légendes. - **F.** Part de brioche. - Pronom. - C'est non ! - **G.** Peut jouer un mauvais tour. - Désert. - **H.** Plante jaune. - Détruit. - **I.** Rendent cotonneux. - En avant la musique ! - **J.** Blanchissait doucement.

VERTICALEMENT

1. A un entonnoir au-dessus de la tête. - **2.** Contre les dégâts des eaux. - Sens. - **3.** Le rupin les garde en son sein. - Fis la bête. - **4.** Papillon jaune. - Pour la faire fermer, sur Internet. - **5.** Revue du malin rouge. - **6.** Une gorgée d'hydromel. - Pour faire petit. - **7.** Il est à l'origine d'un type de relation sans relations. - Avant poste. - **8.** Lieu de transit. - **9.** Bouche-trou. - Fait le partage. - **10.** Tour autour. - Crâne d'œuf ! - Sens.

Indices p. 116 haut - Solution p. 168 haut

	1	2	3	4	5	6	7	8	9	10
A										
B										
C			■					■		
D					■					
E			■							
F									■	
G			■	■				■		
H										
I			■							
J				■				■		

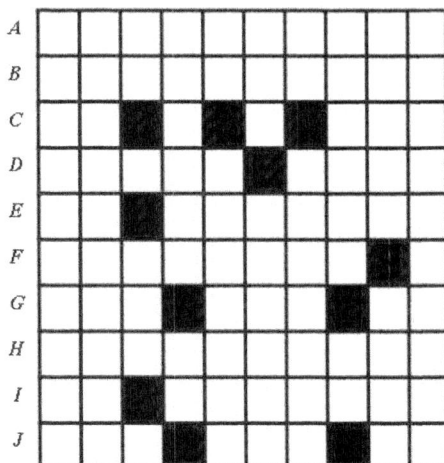

HORIZONTALEMENT

A. Médecin du travail. - **B.** Baderne austère. (2 mots) - **C.** Fait l'article. - Exprime ! - **D.** Ulcère. - Clôt les ébats. - **E.** Oté le couvert. - Pour ne pas se faire larguer. - **F.** Poupées russes. - **G.** Croissants Romains. - Reste étendu. - Fait le partage. - **H.** Méprises. - **I.** Tête d'os. - Dépouillent. - **J.** Général sur le retour. - Cardinal de Nice. - Tête à tête.

VERTICALEMENT

1. Pompe Adour. - **2.** L'heure rouge et le noir. - **3.** Démonstratif. - Nous est plus cher que son prix. - **4.** Des ratons en pagaille. - Décore les vespasiennes. - **5.** La fin du début. - Partie voir ailleurs. - **6.** Pied végétal. - Sont chargés. - **7.** Devenu inutile. - Quasiment. - **8.** Leur mise en page est appréciée. - Compte plus d'un demi-milliard d'habitants. - **9.** Éliminée au besoin. - Éminence. - **10.** Vieux soldat.

Indices p. 116 bas - Solution p. 168 bas

	1	2	3	4	5	6	7	8	9	10
A										
B										
C			■					■		
D				■			■			
E										
F			■			■				
G			■	■			■		■	
H			■							
I						■				
J										

HORIZONTALEMENT

A. Renoncement volontaire. - **B.** Pour un oui ou pour un non. - **C.** Fait le poids. - Fait le pont. - Fait l'enfant. - **D.** Solvant. - Indique ma possession. - A longtemps marché. - **E.** A jeté un landau dans les escaliers. - **F.** Terre atlantique. - Exercices en petits groupes. - Une chose à part. - **G.** Fait la lessive en Éthiopie ? - Côtier du Nord. - **H.** Au bout de la rue. - Accessoire de coiffure utilisé pas uniquement en Bretagne. - **I.** Bovidés africains. - Courage. - **J.** Empilaient.

VERTICALEMENT

1. Concert de lutte, et russe. (2 mots) - **2.** Crise de parole. - **3.** Vision du futur. - Traditions. Pris sur un toast. **4.** Coule à Londres. - Lien. - Défaut de conception. - **5.** Dame de trèfle. - **6.** Salade nîmoise. - Réunion qui peut être extraordinaire. - **7.** Fait aller aux cabinets. - Ingrédient du taboulé. - Quasiment coi. - **8.** Vénérable parisienne. - Voyageait à Rome en costume Hermès. - **9.** Stérait. - Grade autour de la taille. - **10.** Conséquence d'un excès.

Indices p. 117 haut - Solution p. 169 haut

	1	2	3	4	5	6	7	8	9	10
A										
B				■		■				
C										
D		■				■				
E										■
F		■							■	
G										
H			■				■			
I										
J										

HORIZONTALEMENT

A. Protège sa rondelle. - **B.** Bulbe. - Petite coquille pas lourde. - **C.** Ne pourra pas faire le maçon. - **D.** Pronom très personnel. - Passe par tout. - **E.** Adepte d'une longue marche. - **F.** Soudard. - **G.** Font la transition. - **H.** Petit biscuit. - Un sale air. - Allocation. - **I.** Débiterait un chapelet d'injures. - **J.** Pousser dans ses derniers retranchements.

VERTICALEMENT

1. Ce sont des espaces de pilotage et non pas des tenues de footballeurs. - **2.** Pas d'oc. - Polémiste Victor. - **3.** Manifestera. - Son débit ne fait pas un tabac. - **4.** On y va au charbon. - **5.** Pénible. - **6.** Affiner. - **7.** Dégoute. - C'est en le goûtant qu'on le trouve appétissant. - **8.** Coupe dans l'igloo. - Ça sent le renfermai. - **9.** Fait preuve de respect. - Dans le désert mais pas sur le sable. - **10.** Exprime. - N'est pas tombé en déshérence.

Indices p. 117 bas - Solution p. 169 bas

	1	2	3	4	5	6	7	8	9	10
A										
B				■						
C								■		
D										■
E			■		■					
F										
G			■	■			■	■		
H										
I		■		■						
J										

HORIZONTALEMENT

A. Engourdissement saisonnier. - **B.** Absence totale de self -control. - Prend de la graine. - **C.** L'œil, c'est matons. - Ingéré. - **D.** Risquer de faire prendre la mouche. - **E.** Un peu de nous, beaucoup de Lui. - Ordure. - **F.** La folie des grandeurs. - **G.** Parti extrême. - Organisation terroriste. - Métal. - **H.** Est dans l'emmerde. - **I.** Passé à la trappe. - **J.** Cheminotes pour rire.

VERTICALEMENT

1. Manuel du crime. - **2.** Fracture salée. - **3.** Fut de trop avec une chandelle. - Donne quitus. - **4.** Fut veule avec les pompes. - **5.** La langue dans la poche. - Niole frelatée. - **6.** Victime d'une crise de foi. - **7.** Examinai. - Création de Jarry. - **8.** Finir finir. - Grains de sel répandus. - Pronom. - **9.** Jeu de mains pas vilain. - **10.** Pas très malin de le doubler. - Manquent de peau.

Indices p. 118 haut - Solution p. 170 haut

HORIZONTALEMENT

A. Convoquée par le sultan. (2 mots) - **B.** Peut être cru. - **C.** Au diable Vauvert. - Fut reine de la route. - **D.** Au top. - **E.** Parent éloigné. - Sort voilée. - **F.** Coureur qui ne laisse pas indifférent. - Extrémiste. - **G.** Donne un genre. - Récompensé de ses efforts. - En plein barnum ! - **H.** Pièce qui manque de sérieux. - **I.** A un beau maintien. - Poupe du navire. - **J.** Balances.

VERTICALEMENT

1. Formuler. - **2.** Une vraie teigne ! - **3.** Une raison en enfer. - Niveau de maîtrise. - **4.** Et qu'ça saute ! - **5.** Souvent réclamé. - Début d'une série. - Joint. - **6.** Circule dans Reykjavik. - Jetai un œil. - **7.** Procédé de nettoyage. - Parcourue. - **8.** Doit s'abonner pour être tranquille. - Instrument à cordes. - **9.** Aux frontières du normal. - Favorise certaines indiscrétions. - **10.** Contribuent à faire le lien. - Passées.

Indices p. 118 bas - Solution p. 170 bas

	1	2	3	4	5	6	7	8	9	10
A										
B										
C									■	
D				■				■		
E						■				
F			■				■			
G			■		■					
H										
I			■				■			
J										

HORIZONTALEMENT

A. Tourner ménage. - **B.** Manque de maturité. - **C.** N'en dit pas tout. - **D.** Pierre ou lino. - Dame qui fait bon poids. - En tête de station. - **E.** Piste olé. - Trouble. - **F.** Soutien renversé. - On en fait tout un drame. - Jamais. - **G.** Suivent la théorie. - Héros nautique malgré lui. - **H.** La Croix est son image de marque. (3 mots) - **I.** En voiture ! - Au fond de la pièce. - Un certain temps. - **J.** Enrôleras.

VERTICALEMENT

1. Son état crée du flottement. - **2.** Compartiment sueur. - **3.** Sans connaissances. - **4.** Branche pour les rouges gorges. - Fleuve frontière. - **5.** Mousse abords. - Protection. - **6.** Patron réputé pour son sens des affaires. - Parfois femmes l'êtes. - **7.** Examinée. - Tranche de toast. - **8.** Eniser. - Remuer terre et terre. - **9.** Hésite à donner son nom. - Prendra le pouls. - **10.** Amourettes d'autrefois.

Indices p. 119 haut - Solution p. 171 haut

	1	2	3	4	5	6	7	8	9	10
A										
B										
C						■			■	
D							■			
E								■		
F				■						
G	■	■		■		■				
H										
I						■				
J					■					

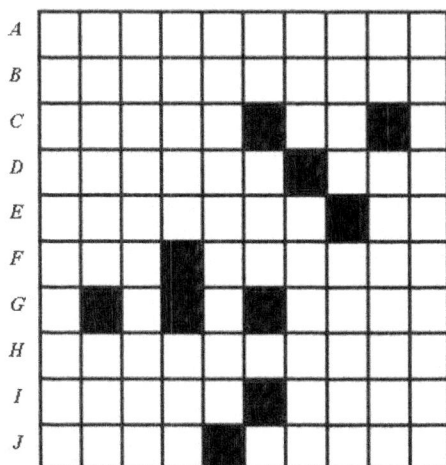

HORIZONTALEMENT

A. Le mouroir aux Alouettes. (2 mots) - **B.** À tes souhaits. - **C.** Est bien là à Londres. - La fin d'un grand péril. - **D.** Ouvre les vannes. - Pour des ablutions. - **E.** Terrain loti. - Va au bar pour aguicher. - **F.** Une personnalité troublée. - Atour de cochon. - **G.** Élément de sécurité en montagne. - **H.** Imposer le port du masque. - **I.** Alimente la Loire. - Sert à percer. - **J.** Tourne en neige. - Un prix pour Paris.

VERTICALEMENT

1. Elles ont fait carrière à Paris. - **2.** Bien isolé. - Demande des dons pour ses œuvres. - **3.** Favorise une sorte d'infanticide. - **4.** C'est une solution pour qui aime le sucre. - En larmes. - **5.** Fait tache. - **6.** Voyelles. - Le capitaine de l'arche en pleine tempête. - **7.** Finira bien par être utile. - Rio au Colorado. - **8.** Fait complètement perdre la boule. - Crans irréguliers. - **9.** Commune en Occitanie. - A un âge astronomique. - **10.** Prout prout ma chère.

	1	2	3	4	5	6	7	8	9	10
A										
B				■			■			
C									■	
D										
E					■		■			
F	■									
G				■	■					
H										
I			■							
J										

HORIZONTALEMENT

A. Se soucie davantage du détail que du gros. - B. Extraits d'une liposuccion. - Luxueuse Anglaise. - Spécialiste. - C. Franco. - D. Entendus dans le coin. - Véhicule. - E. Para bel homme. - Dans les vapes. - F. Fourre-tout. - G. Recherché par l'ediurd. - Mal notez. - H. C'est pataud trop. - I. Consonne double. - Plante alimentaire. - J. Salles annexes.

VERTICALEMENT

1. Des milieux à éviter. - 2. Obtenu par transparence. - Quasi mot d'os. - 3. Travail du bois. - 4. Nouveau avec Roosevelt. - Parti arrivé en 74 en France. - 5. Bruyants s'ils sont hauts. - Première gorgée de bière néerlandaise. - 6. Adresse. - Souks. - 7. Article. - Sibérien. - 8. Terrorisai. - 9. Un peu plus. - Réagit au toucher. - 10. Assemblages de bouts de bois.

Indices p. 120 haut - Solution p. 172 haut

	1	2	3	4	5	6	7	8	9	10
A										
B						■				
C										
D						■			■	
E							■			
F		■								
G					■					■
H		■				■				
I							■			
J					■					

HORIZONTALEMENT

A. Intermédiaires qui restent souvent de bois. - **B.** Desserre les dents. - Monnaie désuète. - **C.** Se jouent des cartes. - **D.** Elle se débat avant d'être arrêtée. - La seule note de musique. - **E.** Ça fait fumer. - Dans la lune. - **F.** Nettoyage par le vide. - **G.** Production nantaise. - Quand on la perd, ça fait pas un pli. - **H.** Met dans un état second. - Insulaire plutôt actif. - **I.** Canal. - Pour les fainéants. - **J.** Inefficace dans l'eau. - N'a pas besoin d'apprendre à compter.

VERTICALEMENT

1. Joue avec les cartes. - **2.** Femme de la côte. - Ouverture à l'opéra. - **3.** Sorte de parc. - **4.** Genre d'orchidée. - **5.** Trafic à base de vols. - Équerre. - **6.** A la bougeotte. - Première mi-taon. - **7.** Faux plis. - À moitié rancie. - **8.** Ne s'intéressent à rien. - **9.** Y'en a dans la cafetière. - Paresseux. - **10.** Mot-clé. - Intouchable.

Indices p. 120 bas - Solution p. 172 bas

	1	2	3	4	5	6	7	8	9	10
A										
B										
C						■				
D		■				■			■	
E				■				■		
F										
G										
H		■					■			
I				■						
J										

HORIZONTALEMENT

A. Américain massif. - **B.** Pour les cas litigieux. - **C.** Boule -de-neige. - Fait la lumière. - **D.** Un peu perdu. - Implique un ajout. - **E.** Abominablement velu. - Travail, famine, partis. - **F.** Saumon. - **G.** Chercherais un complément d'en quête. - **H.** En spirale au repos. - Dans la miche. - **I.** C'est en échouant qu'il a réussi. - Pour clore. - **J.** Anéantissement qu'on peut faire en dormant.

VERTICALEMENT

1. Se racle après l'effort. - **2.** Réclame. - Gagnée. - Langue. - **3.** Pimpant, pimpant... - **4.** Parfois sans pitié. - Sans fondement. - **5.** Conséquence de l'inactivité. - Assurent la portance. - **6.** Fait cesser l'activité. - Lichen. - **7.** Un rapport anguleux. - On y inscrit son adresse sur un carton. - Repaire de têtes pensantes. - **8.** Ça beau poisson ? - **9.** Dieu. - Fait l'âne. - **10.** Manche avec revers. - Pas indiqué pour un prêche.

	1	2	3	4	5	6	7	8	9	10
A										
B							■			
C					■					
D			■		■					
E										■
F					■					
G		■							■	
H			■		■					
I						■				
J			■							

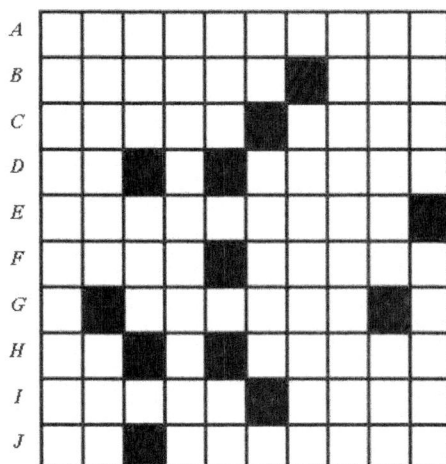

HORIZONTALEMENT

A. C'est sensé augmenter les chances de gagner et non une maladie de l'âne. - **B.** Rend la Mongole fière. - Bonne blague. - **C.** Tire le meilleur du pis. - Parfois sur le volet. - **D.** Acquérir. - Entaille. - **E.** Sert au transit. - **F.** Pièces de la maison. - File un bon tuyau. - **G.** Doit être tu. - **H.** Queue d'âne. - Dressé. - **I.** Met sous protection. - Attention. - **J.** Étrave d'étrave. - Pour une première fois.

VERTICALEMENT

1. Art de la fabulation. - **2.** Conduits. - Cardinal. - **3.** Regimba. - Appel. - **4.** Sénégrain. - **5.** Fond de boîte. - Commence les études. - **6.** Apparu. - Bonne qui ravit les invités. - **7.** Franchit. - **8.** Regroupement. - **9.** Même vierges et pures, elles se laissent peloter. - Alcool fort. - **10.** Père et mer. - Cœur sombre.

Indices p. 121 bas - Solution p. 173 bas

	1	2	3	4	5	6	7	8	9	10
A										
B			■							
C					■		■			
D							■			
E										
F	■						■			
G					■					■
H										
I			■				■			
J										

HORIZONTALEMENT

A. Amateur d'hyménoptères. - **B.** Pourrait faire de la peine. - Ont de la suite dans les idées. - **C.** Illégitime. - Lentilles de contact… alimentaire. - **D.** On y joue à qui père gagne. - Voie de circulation. - Paire paire. - **E.** Irrésistible. - **F.** Au nom de la loi. - Division du sou. - **G.** À moitié terminer. - Pigeon à se farcir. - **H.** Infréquentable. - **I.** Quartier de boeuf. - Serpent africain Blanc ou Bleu. - En colère. - **J.** Dorment parfois au fond d'un placard.

VERTICALEMENT

1. Vont au bout de leurs idées. - **2.** S'évalue au son de la trompette. - Retour sur le quai. - **3.** Décroche. - **4.** Canon de marine. - **5.** Aux bouts du bout. - Une petite ristourne. - Lubrifie les Rolls-Royces. - **6.** Grosse arbalète. - **7.** Doit prendre le bus pour intriguer. - Plein d'arêtes mais sans écailles. - On les trouve au fond d'un froc. - **8.** Y'a d'la joie dans la neuvième. - On n'y voit goutte. - **9.** N'incite pas à embarquer. - **10.** Supporte la charge. - Fut capitale.

HORIZONTALEMENT

A. Pour avoir la paix. - **B.** Versaillaise. - **C.** Enfant de Pierre et Marie. - Un peu léger. - Presqu'assez. - **D.** Ereintions. - **E.** Sans la queue du Mickey. - Prises de bec. - **F.** En formes le vendredi. - **G.** À la Drome adhère. - Monnaie - **H.** Plutôt gonflantes. - **I.** Caprice et pas fini. - À cordes pincées et emmêlées. - **J.** Dispense. - Entre dans la composition d'un élixir.

VERTICALEMENT

1. Tient une forme égyptienne. - **2.** Gros rat. - **3.** Métal blanc. - Sectionnée en-dessous du pied. - **4.** A perdu l'apathie. - Ego des banlieues. - **5.** Possession. - Tortura. - **6.** Finit bien. - Arou Tazie. - **7.** Se rapporte à l'informatique. - **8.** Pastiche 51. - Bloque au reflux. - **9.** Finit par faire céder. - Les autres. - **10.** Il faut de la tenue pour y manger. - Poisson Japonais.

Indices p. 122 bas - Solution p. 174 bas

HORIZONTALEMENT

A. Être sans consistance. - **B.** OVNI présent. - **C.** Pour faire la purée. - Grande ou vieille c'est pas toujours coton. - Pris au radar. - **D.** Utiliserait sa griffe. - **E.** Vingt-et-un points. - Vieux Péruvien. - **F.** Cycle ou provoque la fin d'un cycle. - **G.** Période. - Jeu avec des allumettes. - **H.** Dans les clous. - Haut pour ce qui sort de l'ordinaire. - **I.** Émergence. - Débarqua en Sicile après un long périple. - **J.** Victimes d'une balance.

VERTICALEMENT

1. Marche sur la corde raide. - **2.** Échelle maritime. - **3.** Dit à personne ou seulement aux amis. - Pour faire le crocodile. - **4.** Anguleuse. - **5.** Parfois petit dans la tête. - Avant de se lever. - **6.** Jeu d'enfant devenu sport olympique - Avant la mise à feu. - **7.** Ouvrent l'appétit. - **8.** Position Corse. - Donnons la vie. - **9.** Donne le sens de lecture. - Un dragon qui a fait fureur. - **10.** Formidable. - Fait montre de peu d'esprit.

	1	2	3	4	5	6	7	8	9	10
A										
B									■	
C					■					
D		■					■			
E				■						
F							■			
G					■			■		
H		■		■						
I						■		■		
J										

Indices p. 123 haut - Solution p. 175 haut

HORIZONTALEMENT

A. Envoi d'une bafouille. - **B.** Une grande du cinéma. - **C.** Finira dans la Loire. - Désavantager. **D.** Pillages. - La fin des âges. - **E.** Pertes de temps. - Crochus pour une entente. **F.** Fume en coulant. - Extension de fichier. - **G.** À gauche c'est pas bon signe. - Tu seras un homme mon fils. - Coup d'arrêt. - **H.** Pour donner l'air. - **I.** Oblige à refaire quand elle est fausse. - Tête d'endive ! - **J.** Producteurs d'or noir.

VERTICALEMENT

1. Vieille confusion. - **2.** Classement. - Station rouge. - Prend le car pour Hollywood. - **3.** Nuit au terrain. - **4.** Charisme. - Coulé d'un bielle. - Ménage ses effets. - **5.** Queue de radis. - Durcissement. - Un peu perdu. - **6.** Relativement connu. - **7.** Faiblesse du genou. - Consacre la reine d'un jour. - **8.** Peut casser les dents. - **9.** Seconde lecture. - **10.** Ferons des couronnes.

Indices p. 123 bas - Solution p. 175 bas

	1	2	3	4	5	6	7	8	9	10
A										
B			■						■	
C			■					■		
D					■		■			
E			■							
F									■	
G				■	■					
H										
I					■					
J					■					

HORIZONTALEMENT

A. Le sou à l'aise astiquent. - **B.** On en a plusieurs dans le dos. - On s'y sent bien quand il est petit. - **C.** Prélevé sur l'eunuque. - Fait un dépôt. - Du Sud. - **D.** Borde l'écu. - Bien sûr ! - **E.** Compagnie britannique. - Traitée à la morgue. - **F.** Prendre la tête. - Trille. - **G.** Sans surprises. - Expédie. - **H.** Voyagent à des vitesses astronomiques. - **I.** Assortis. - Béta. - **J.** Pauvre type. (2 mots)

VERTICALEMENT

1. Forme de dépit. - **2.** S'appropriait terres. - **3.** Colorisai. - **4.** Un Huron célèbre. - Écoute. - **5.** Évacua. - Régna sur Chicago. - **6.** S'élève au couchant. - **7.** N'a pas la tête dans le nuage. - Une façon de raser. - **8.** Prise de tête. - Absorbé. - Pour vinifier. - **9.** Conséquence d'un crash d'aérolite. - **10.** Eau tarie.

Indices p. 124 haut - Solution p. 176 haut

HORIZONTALEMENT

A. Blague estudiantine. - **B.** Ne se prend pas avec plaisir. - **C.** Ça ne vaut pas le coup. - Visage fantôme. - **D.** Avec le Colonel Moutarde dans la bibliothèque. - **E.** Devient moche si on le double. - Plus moins pour être pris. - À l'arrière du taxi. - **F.** Renforce. - **G.** Vocalisa. - Pertes de vitesse. - **H.** Du jeu dans les pièces. - **I.** Parti. - Fin de partie. - Sur tous les fronts - **J.** Au goûts mêlés. (mot composé)

VERTICALEMENT

1. Multiplia les rapports. - **2.** Son obscurité prête à rire. - **3.** Poils de barbe. - Permettent d'entrer dans Uddingston. - **4.** Ne vous sera d'aucune utilité si vous avez une araignée dans le plafond. - **5.** Scout toujours ! - Une sacrée coureuse. - **6.** Tout feu tout flamme. - **7.** Marcha à petit pas. - Beau comme un camion. - **8.** Restent aux bouts du quai. - S'est défilé en Jordanie. - **9.** Complètement désaxé. - Que choisir ? - **10.** Pour ne pas s'appesantir.

Indices p. 124 bas - Solution p. 176 bas

	1	2	3	4	5	6	7	8	9	10
A										
B										
C			■							
D					■			■		
E							■			
F				■						
G			■							
H			■		■		■			
I			■							
J										

HORIZONTALEMENT

A. La bâche et le trip zonier. - **B.** Qu'on leur foute la paix !
- **C.** Au bout du banc. - Boitent. - **D.** Fleuve. - Doublon. -
Acquiescement. - **E.** Prend la parole pendant un tour de
table. - Embarcation. - **F.** Joue le taxi. - Charcuterie qu'on
n'est pas obligé de déguster avec un mauvais copain. - **G.**
Au bout du rouleau. - Félin. - **H.** Noya dans le Saint-
Laurent - Encaissement de liquide. - **I.** Quasiment nul. - Ta
gueule toi aussi ! - **J.** Allasse voir dehors si j'y suis.

VERTICALEMENT

1. Chambre à louer. (2 mots) - **2.** Notre père qui êtes
odieux. - **3.** En attente de règlement. - A explosé avec
Internet. - **4.** Récompense. - Cellule. - **5.** N'a pas collaboré.
- Diminutif. - Perdus par le Nord. - **6.** On pourrait croire
qu'il glande alors qu'il est au régime. - **7.** All inclusive. -
Le court du lapin. - Article. - **8.** Phases de la lune. - Irisas.
- **9.** L'optimiste les fait chanter. - **10.** Entaille.

	1	2	3	4	5	6	7	8	9	10
A										
B										
C							■			
D			■							
E										
F					■					
G								■		
H									■	
I			■							
J				■						

Indices p. 125 haut - Solution p. 177 haut

HORIZONTALEMENT

A. La marée était en noir. - **B.** Réside au nord d'Orange. - **C.** Marche à l'ombre. - Piquant. - **D.** Cela. - Quel bordel ! - Victimes de Longs Couteaux. - **E.** Difficile de les faire taire. - **F.** Magma. - Faire circuler. - **G.** On y trouve des Ogiats. - Faible induction. - Suit la mise à nu. - **H.** Trompâtes. - **I.** En a plein les fouilles. - Se fait une toile. - **J.** Jeter un coup d'œil dans le rétro à Londres. - Viendras à bout.

VERTICALEMENT

1. Au diable les varices ! - **2.** La fille du pendu. - **3.** Serpente en Afrique. - Révélation. - **4.** La mort dans lame. - **5.** Pour un voyage au bout de l'enfer. - Commence à s'amuser. - **6.** Ces baguettes peuvent donner les boules. - **7.** Aux confins de l'Asie. - Conduite intérieure. - **8.** Donne un nom à une adresse. - Collecte des informations. - Lady commandement. - **9.** A quitté Chanel pour Marianne. - C'est du passé. - Titre de propriété. - **10.** Partisanes.

Indices p. 125 bas - Solution p. 177 bas

HORIZONTALEMENT

A. Lieu de perdition. - **B.** Métal. - Ont une tête à chapeau. - **C.** Bourre l'arène avec ses semblables. - **D.** Territoire religieux. - Un peu tôt. - **E.** Menthe. - A une tête à chapeau. - **F.** Film de Kurosawa. - Se poser ailleurs. - **G.** Membre du milieu. - Grecque. - **H.** Parfois trou à rats. - Servent à agencer la charge. - **I.** On finit à peine fada que ça caillasse. - Chœur des vierges. - **J.** Rendra légèrement carrossable.

VERTICALEMENT

1. Position dominante. - **2.** Interjection. - Accablé. - **3.** Produit du Sud/Ouest qui favorise les rapprochements. - **4.** Plante dépolluante. - Mal régi. - **5.** Champ de bataille. - **6.** A presque deux côtés de même longueur. - Gaz. - **7.** Jamais seul au balcon. - Ses piliers sont souvent ronds. - **8.** Met une grosse pression. - Tête de Turcs. - **9.** Prend du bon temps. - **10.** Réservé aux initiés.

	1	2	3	4	5	6	7	8	9	10
A										
B							■			
C			■				■			
D						■				
E								■		
F							■	■		
G	■					■				
H					■					
I										
J										

Indices p. 126 haut - Solution p. 178 haut

HORIZONTALEMENT

A. Sport divers. - **B.** Annexe. - Tête de vautour. - **C.** Parti aux oubliettes. - Participe aux dons du passé. - **D.** Ercule pour Atson. Faire mais lasser. - **E.** Dans l'équipement du footballeur Athénien ? - Donne l'air conditionné. - **F.** Paré. - **G.** Pousse les salariés à la grève. - Après pré c'est devant bout. - **H.** traitement réservé à un poisson. - On le laisse pour abandonner, surtout s'il est armé. - **I.** Favorisent la reproduction. - **J.** Attaques de peaux rouges.

VERTICALEMENT

1. Dévaluation du franc. - **2.** Dessèche les muqueuses. - Panier percé. - **3.** À moitié repu. - Utopiste. - **4.** Règles à appliquer en imprimerie. - **5.** Sème le trouble dans une voie de circulation. - Précieux s'il est net. - **6.** Narines le peine. - Article. - Redoutable à la course lorsqu'il se fait doubler. - **7.** T'hallucines Eugène ! - Serrure y est. - **8.** Feuilletées. - Table sur laquelle il vaut mieux éviter de s'allonger. - **9.** Dans les décores. - Nom d'un pétard ! - **10.** Les particules alimentaires.

Indices p. 126 bas - Solution p. 178 bas

	1	2	3	4	5	6	7	8	9	10
A										
B			■		■					
C										
D							■			
E					■					
F							■			
G			■					■		■
H										
I			■		■					
J										

HORIZONTALEMENT

A. Dépassement de la tristesse autorisée. - **B.** Au début de chaque épisode. - Déverse un torrent d'immondices. - **C.** Pourri sonne le glas. - **D.** Fait une peur bleue au lièvre de l'Arctique. - Encore pire quand il est fini. - **E.** Alpague. - Conduit. - **F.** Plutôt beau gosse. - Élue. - **G.** Muni d'une molette, il n'a pas fait le bonheur d'Edam. - Doublé pour vêtir un rat. - **H.** Pour aller à la selle. - **I.** Un reproducteur qui ne se fait pas de bile. - Sabote. - **J.** Fournisseur de pièces détachées.

VERTICALEMENT

1. Entre dans une administration. - **2.** Découpé en morceaux. - **3.** Instrument à vent, debout. - **4.** Extinction de voix. - **5.** Deux de trois. - Lieu d'enseignement. - **6.** Réputés mais pas forcément pour leur bêtise. - Commence à exagérer. - **7.** Attaque de requin. - Soignée au cachet. - **8.** Sagaies Africa. - Indication de lieu. - **9.** À l'insu de son plein gré. - **10.** N'a plus rien à perdre à la roulette. - Un peu de nerf, que diable !

	1	2	3	4	5	6	7	8	9	10
A										
B										
C		■								
D			■							
E				■				■		
F									■	
G		■			■					
H								■		■
I										
J										

Indices p. 127 haut - Solution p. 179 haut

HORIZONTALEMENT

A. Pilote décès. (mot composé) - **B.** Produisais un choc. - **C.** Aura une bonne place. - **D.** Fleuve. - Constructeur. - **E.** Gâteaux. - Mesure de grand mur. - Fait du cinéma avec sa mule. - **F.** Ne manquent pas de charmes. - **G.** Centre de commandement. - Un coup qui peut cartonner. - **H.** On y crèche de bonne heure. - **I.** On s'y met pour sauver les apparences. (mot composé) - **J.** Claires.

VERTICALEMENT

1. Petite musique d'ennui. - **2.** Hexagonale. - Perd le point. - Sigle informatique. - **3.** Prend son pied en coulisses. - Chaîne prisée. - **4.** Attend une réponse. - Vestiges du Franquisme. - **5.** Aurait de quoi coter, en prenant un peu d'air. - Dans la tête de l'étudiant. - **6.** N'a pas de mauvais penchants. - **7.** Communauté d'agglos. (2 mots) - **8.** Font tâches sur le léopard. - Appris. - Aux extrémités du toit. - **9.** Manifestations bruyantes. - Transfère une jouissance. - **10.** Souveraine. - Sont en opposition.

	1	2	3	4	5	6	7	8	9	10
A										
B										
C			■			■		■		
D										
E										
F			■		■		■		■	
G										
H										
I				■			■			■
J										

HORIZONTALEMENT

A. À boire sans espoirs. - **B.** Nous délivrait du mal. - **C.** A bon do pour chanter au bord du Tage. - Pronom. - Pour distinguer un père. - **D.** La possibilité du Nil. - **E.** Annonce un renvoi. - Sont appliqués. - **F.** Se moule en Inde. - **G.** Stoppera. - **H.** Fis un mauvais cou. - **I.** Coupelle qui n'est pas toujours à la fête. - Véhiculées par la rumeur. - Elle apprécie. - **J.** Rien à voir avec un pédiluve. (mot composé)

VERTICALEMENT

1. La victoire ça me stresse. - **2.** Transportent. - **3.** Cap. - Voyelles. - Leurs ouvrages demandent du génie. - **4.** S'affichent en public. - Comme un avion sans ailes. - **5.** Un coup qui fait du bruit. - Nuit gravement. - **6.** Centre de pèlerinage. - Promène sa souris. - **7.** Pas un radis. - Annotation. - **8.** Permet d'insister. - Alléger un cheval, à l'avant ou à l'arrière, d'arrière en avant. - **9.** Glandeur et décadence. - Favorise les petites combinaisons. - **10.** Agressas.

44

	1	2	3	4	5	6	7	8	9	10
A										
B					■					
C										
D				■				■		
E					■					
F					■				■	
G		■	■							■
H					■					
I				■						
J										

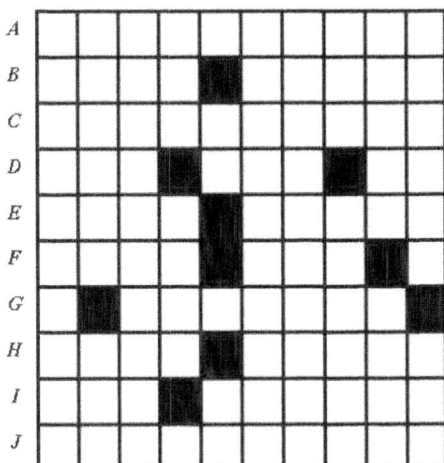

Indices p. 128 haut - Solution p. 180 haut

HORIZONTALEMENT

A. Droit d'hauteur. (mot composé) - **B.** Contribue à alimenter le Congo. - Met le smoking de travers. - **C.** Vrai sacs de nœuds. - **D.** Pronom. - Laisse le meilleur du poulet. - La poupe de la proue. - **E.** Ils sont d'autant plus généreux que leurs auteurs étaient avares. - Endroit où jeter, si on l'inverse. **F.** Bout de bois. - Un cœur de perle. - **G.** Tourne à l'usine. - **H.** Attachai maladroitement. - Position d'un chien acrobate. - **I.** Restés sans effets. - Ne sera pas un homme de parole. - **J.** Jouerai.

VERTICALEMENT

1. Mort sur le cou. - **2.** C'est tonique, est-ce tanguer ? - Article. - **3.** Voit la ville en rouge. - **4.** Encore et encore. - Mal accompagné. - **5.** Reliefs des côtes. - À passer avant d'être à nu. - **6.** Se battrait comme un coq. - **7.** Haltères ego. - **8.** Limites sans limites. - S'exprimer avec vice. - **9.** Vide ordures. - C'est le dernier qui le fera bien. - **10.** On en connait des rayons. - Arme blanche.

HORIZONTALEMENT

A. La qualif' orni. - **B.** Laver plus blanc. - **C.** Plus long, il
est allongé. - Soupçon. - **D.** À regarder à la loupe. -
Directions. - **E.** De la légèreté dans l'air. - **F.** Larme. - Il
est possible qu'il ait menti. - **G.** Un vigneron en état
d'ébriété. - **H.** N'auraient pas leur langue dans la poche. -
I. Un jardin peu fréquenté. - Un comte à dormir debout. -
J. Espacée.

VERTICALEMENT

1. Supprimer. - **2.** Deux de tension. - C'est toujours
comme ça que débute une addiction. - **3.** Coin-coin. - **4.**
Mettraient hors de portée. - **5.** À la pointe de l'estoc. -
Base d'échafaudage. - Les bouts d'un noir. - **6.** Un peu
casse pierres. - Il s'en faudrait de peu pour qu'il devienne
enragé. - **7.** La folie des glandeurs. - **8.** Manœuvre. - **9.**
Endroit prisé du favori. - Cap. - **10.** Périodes. - Voilier.

	1	2	3	4	5	6	7	8	9	10
A										
B										
C										
D			■							
E			■						■	
F	■						■			
G				■		■				
H					■					
I									■	
J										

HORIZONTALEMENT

A. Tintin minou. - **B.** Vivons cachet. - **C.** Exclurions. - **D.** Peut générer de l'incertitude - Fourrage. - **E.** Classement. - Traversé par un courant. - **F.** Point de suspension. - Eût cocottes. - **G.** Son bec ouvre sans l'ouvrir. - Antimoine. - Grande taille ou du quarante. - **H.** Muser dans tous les sens. - Château basque. - **I.** Nous concerne tous. - **J.** 50 millions d'avis.

VERTICALEMENT

1. Tête à claque. - **2.** Grand ouvert. - Mesure. - **3.** Vieux machin. - Perplexe. - **4.** Cale de radoub. - Soit utile. - **5.** Sur la terre. (mot composé) - Ses paquets ne sont pas toujours recommandés. - **6.** Racontées. - Accessible sans le bac. - **7.** Espace salé. - Porte d'entrée pour la Bosnie. - **8.** Alambiquées. - Éclairage. - **9.** Outil de signalisation. - Persona non grata. - **10.** Vêtement.

40

Indices p. 129 bas - Solution p. 181 bas

	1	2	3	4	5	6	7	8	9	10
A										
B								■		
C			■			■				
D										■
E		■					■			
F				■		■				
G										
H							■			
I				■						
J			■				■			

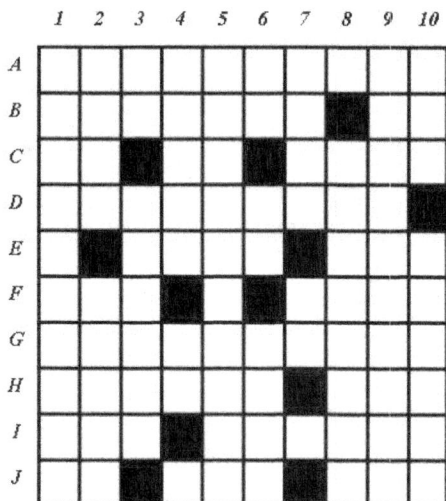

HORIZONTALEMENT

A. La maladie du parking sonne. (2 mots) - **B.** Barbu des Pyrénées. - Dans le creux de la main. - **C.** Donner, dans le milieu. - Circule à Haarlem. - Ne va pas sans dire. - **D.** Étaient loin de pratiquer des réductions. - **E.** Comprend les enceintes. - Sur une Peugeot dans la Rome antique ? - **F.** Enfant de Lao Tseu, en principe. - N'inspire pas confiance quand elle ne paie pas. - **G.** Agir par manque d'anticipation. - **H.** Pose question. - Ders des ders. - **I.** Suit ept. - Charge du calife. - **J.** Penses donc. - Tachetés qui roulent. - Un break le rend décisif.

VERTICALEMENT

1. Pas une fausse sceptique. - **2.** Un œil remarquable. - N'émets plus. - **3.** Pour ouvrir l'appétit. - Recueil de récits pédagogiques. - **4.** Balade dans la nature. - Des petits bouts de rôle. - **5.** Voyage au bout de l'ennui. - **6.** Petit Poucet. - À la sortie d'un rio. - Un grand bol d'air. - **7.** Avec lui, ça bardait. - Tranche. - **8.** Tranchent. - **9.** En remettrai une couche. - **10.** On doit parfois s'la farcir. - Usait les pieds en Russie.

	1	2	3	4	5	6	7	8	9	10	11
A											
B		■								■	
C		■					■				
D										■	
E								■			
F						■					■
G							■				
H		■						■	■		
I		■									

Indices p. 130 haut - Solution p. 182 haut

HORIZONTALEMENT

A. Il voit pubiens. - **B.** Bulle en Afrique. - **C.** Parisien de souche. - En plein dans l'mille. - **D.** Engendre la compétition. - **E.** Recherchâmes l'œuf frais. - Revers. - **F.** Fit le singe. - Au four et en partie au moulin. - **G.** Un casier en désordre. - Attachée de direction. - **H.** Peut être porté avec un smoking. - Métal. - **I.** A un profil anguleux.

VERTICALEMENT

1. Barre à gouine. - **2.** Contrefit de même. - **3.** Se pavane rôti. - **4.** Poils d'la raie niés. - **5.** Air bi en coque. - **6.** Preuve criante d'affection. - Entre en parenthèse. - **7.** S'entend dans la fosse. - C'est du pareil au même. - Peut faire tapisserie. - **8.** Quartier de pomme. - Sumérienne. - **9.** Porter plaintes. - **10.** Refus catégorique. - **11.** Panneau polaire.

Indices p. 130 bas - Solution p. 182 bas

	1	2	3	4	5	6	7	8	9	10	11
A											
B						■					
C											
D										■	
E		■			■						
F		■					■				
G			■					■			
H						■					
I										■	

HORIZONTALEMENT

A. Gris mal dit. (3 mots) - **B.** Hachura. - Cèlera, sans pour autant être un scélérat. - **C.** Aborder. - **D.** Belge, qu'on ne rencontre pas systématiquement au café. - **E.** Erbium. - Fiole. - **F.** Camélidé - Le faîte des paires. - **G.** Tromperie. - Abîma. - Mi-souris. - **H.** La belle de Saint Sébastien. - Peu. - **I.** Débroussaillais.

VERTICALEMENT

1. Manque d'expressivité. - **2.** Rôti en tranches. - À la faveur de l'automne. - **3.** Fantasmagoriques - **4.** Engendre un durcissement de la situation. - Pour un caprice. - **5.** Poisson. - Changer. - **6.** Canapés. - **7.** La tête dans les étoiles. - Titre Turc. - **8.** Pour asseoir le passager. - Son ascension fut résistible. - **9.** Emplois fictifs. - **10.** Moment d'Histoire. - Héritier. - **11.** Cadeaux.

	1	2	3	4	5	6	7	8	9	10	11
A											
B			■								■
C			■				■			■	
D								■			
E				■		■			■		■
F				■							
G				■							
H											
I											

Indices p. 131 haut - Solution p. 183 haut

HORIZONTALEMENT

A. Affreux les pompiers. - **B.** Circule à Tegucigalpa. - Compartiment rumeurs. (mot composé) - **C.** Partie de rigolade. - Un haut fait la fait. - Accuse un découvert. - **D.** Ravalement. - Pour qui aime la bécane. - **E.** Parti avant. - Donné à tout bout d'chant. - **F.** Couleur bocal. - **G.** Peut être chargé. - C'est le souci d'mes cadets. - **H.** Portent des bottes. - **I.** N'étaient pas favorable à la collaboration.

VERTICALEMENT

1. À la recherche du thon perdu. - **2.** Sans sue elle. - **3.** Résistants comme tireurs. - **4.** Succès d'année. - Un peu de rillettes. - **5.** Approvisionnais. - **6.** Appréciation. - Graines de piment. - **7.** Note inversée. - Recueillie. - **8.** Un peu fleur bleue. - Arebmiger - **9.** Belle fleur à l'arôme de charogne. - Paires de fesse. - **10.** La fin du voyage. - Connu pour son bec. - **11** Acquiescement. - Mise à l'épreuve.

	1	2	3	4	5	6	7	8	9	10	11
A											
B							■				
C	■		■								
D					■						■
E							■	■			
F					■						
G							■	■			
H											
I					■						

HORIZONTALEMENT

A. En général, deux cordes armées. (3 mots) - **B.** Doux. - Bien isolé. - **C.** A mine dadas. - **D.** Dont on connaît la valeur. - Réservé au coma des mortels. - **E.** Casque intégral. - Tri directionnel. - **F.** Capitale. - Arts ménagers ? - **G.** Génèrent des problèmes de gestion. - Bon ou mal, c'est selon. - **H.** Pour qui sont ces serpents qui sifflent sur vos têtes ? - **I.** Voit du côté anglais - Des idées qui peuvent mener en bateau.

VERTICALEMENT

1. Toc toc toc. - **2.** Déplacement d'un roi. - Quelle mouche l'a piqué ? - **3.** À noir elle s'adapte. - **4.** Comporte deux branches. - Agité la tête en bas - **5.** Physicien qui s'attacha à sauver les apparences. - Pièces de kit. - **6.** Rapide exercice. - Pousse au vol. - **7.** Bouts de bois. - Destiné à être plaqué. - **8.** Parfois rénovée en datcha. - Vin de pays. - **9.** Le côté Mongol des Chinois. - **10.** Le sort du coquin. - **11.** Condiment épars. - Audacieuses.

	1	2	3	4	5	6	7	8	9	10	11
A											
B											
C				■			■	■			
D											■
E		■									
F				■				■	■		
G											
H										■	
I							■				

HORIZONTALEMENT

A. Ravissions notre entourage. - **B.** Jouvencelle. - **C.** Difficile à prendre quand elle s'agite. - Tête de robinet. - Diode. - **D.** Absence totale de règles. - **E.** Cancres là. - **F.** Une fois quité, devient omniprésent. - Mémoire. - Union européenne. - **G.** Plutôt terre-à-terre. - **H.** Pratiquions le bouche-à-bouche. - **I.** Parties vers le large. - Supprimas.

VERTICALEMENT

1. Popol positions. - **2.** Similaire. - Sert à calfater. - **3.** Ferions hâler la pilule. - **4.** Partie de la lunaison. - Interjection. - Agace. - **5.** Pour s'envoyer en l'air. - **6.** T'es tonique des plaques. - **7.** Boîte à sardines ou boîte à puces. - Relance sur le tapis. - **8.** C'est-à-dire. - Ligne électrique. - Versements d'honoraires. - **9.** Grain. - Direction. - **10.** Pagaille en retenue. - **11.** En grain pour le gêneur. - Mouvements collectifs.

53

Indices p. 132 bas - Solution p. 184 bas

	1	2	3	4	5	6	7	8	9	10	11
A											
B											
C		■			■			■			
D				■							
E			■					■			
F						■			■		
G											
H											
I							■				

HORIZONTALEMENT

A. Miches, elles fuguent hein ?! (3 mots) - **B.** Création. - **C.** Partie de pêche. - Au bout du moulinet. - Comme un fruit New-Yorkais. - **D.** Réside à moitié dans les Vosges. - Voisine d'Orthez. - Aide à viser droit. - **E.** Est de mèche. - Pain perdu. - Dans des hurlements. - **F.** Favorisent la natalité. - Distance - Plutôt commune en France. - **G.** Quand on n'a que labour. - **H.** N'aime pas la différence. - **I.** Met la gomme à Londres. - Vieilles peaux.

VERTICALEMENT

1. Laisse des traces sur le pare-brise. - **2.** Prénom. - Ensemble musical. - **3.** Possèdes. - Place parisienne. - **4.** Donne le choix. - Instruments. - **5.** Mourut en 3-2. - Vues divergentes. - **6.** Pompe Adour. - Invertébré. - **7.** Son du tambour. - **8.** Sans religion. - Élément de batterie. - **9.** Nada. - Voyelles. - **10.** Manque d'iode. - **11.** Le transi s'tord.

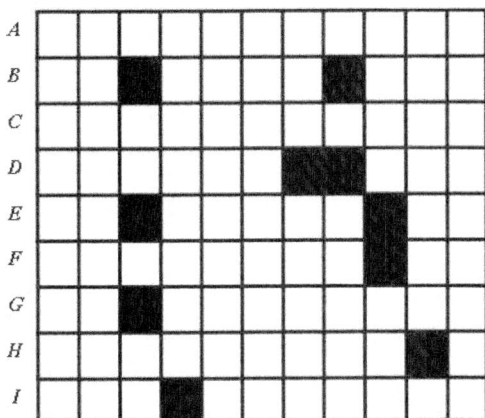

Indices p. 133 haut - Solution p. 185 haut

HORIZONTALEMENT

A. Instrument à cordes. (3 mots) - **B.** En villégiature. - Gersoise et aussi Allemand. - Centre de formation. - **C.** À poire et à manger. (mot composé) - **D.** Dans les clous. - Réussir en fin. - **E.** La possibilité d'une île. - Un saut particulièrement raté. - C'est un peu tendu. - **F.** Braillions. - Dans le sein des seins. - **G.** Miroir de celui qui précède. - On en trouve au bord de la Seine, de l'Oise, de la Saône... - **H.** Enfouissent n'importe comment un quasi-trentenaire. - **I.** Point du jour. - Toute retournée par l'horreur.

VERTICALEMENT

1. Se lance en campagne avec tambours et trompettes. - **2.** Se prêtent aux confidences. - **3.** Romains. - Conjonction. - **4.** Donne le pouvoir. - **5.** Ne peut agir seul. - **6.** Espace. - **7.** Commune à Aznavour et Costello. - Métier tombé en désuétude, sauf dans l'enseignement... - **8.** Aura du cran. - **9.** Pas reconnus. - Fer à repasser. - **10.** Cimentée. - **11.** Interminable.

	1	2	3	4	5	6	7	8	9	10	11
A											
B											
C		■	■		■				■		
D											
E			■						■		
F					■						
G				■				■		■	
H								■			
I										■	

HORIZONTALEMENT

A. Bat la compagne. (2 mots) - **B.** Culot de loupiote. - **C.** Romains. - Ès-qualités. - **D.** Prête à sourire. - **E.** À la quête du Graal. - Estime. - Vraiment très troublé. - **F.** Déférent ou collectif. - Base solide. - **G.** Pas complètement fous. - Commandée par Leclerc. - Candidat américain plutôt sanguin. - **H.** Pas si malhonnête si elle est petite. - Parti extrême. - **I.** Indispensable pour un génie.

VERTICALEMENT

1. Carla gueule faible. (2 mots) - **2.** Une bonne paire de baffes. - Façon de chanter. - **3.** En Europe de l'Ouest. - Vins à bout. - **4.** Pourrions nous rendre. - Petits bouts de pain. - **5.** Ne se laisse pas doubler. - Capacité de mémoire. - Fera la tournée avec les autres quand il sera grand. - **6.** Refuse d'avouer son âge. - **7.** Marques d'affection dont on se passerait volontiers. - Serrat en Andorre. - **8.** Fils de Jacob. - Du son pour elle. - **9.** Au bord de la mer. - Pour elle, les chiens c'est pas du jeu. - **10.** L'ont dans l'os. - **11.** Tient la route.

HORIZONTALEMENT

Marche ou grève. - **B.** Élément de la panoplie. - Moyens de paiement. - **C.** Une femme entre dosages. - **D.** Un documentaire mal ficelé. - Vêtait la momie. - À mettre à l'index, voire à jeter. - **E.** C'est le top. (mot composé) - **F.** Avec application. - Voie de circulation. - Portion de légumes. - **G.** À la recherche du tempère dur. - **H.** Mieux vaut éviter d'en prendre une si on veut rester dans le droit chemin. - Ça n'est pas bon signe quand il commence à sentir. - **I.** Sous-traite.

VERTICALEMENT

1. Fable triste, lucky ni. - **2.** Semble taiseux, cet empâté. - **3.** A les mains proches du sol. - A la tête sur le sol. - **4.** A secouru Ulysse. - Faisait impression. - **5.** Le gîte et le découvert. - **6.** Est-c'que j'ai une gueule d'atmosphère ? - **7.** Un pneu est la dernière chose qui lui soit passé par la tête. - Roi de Juda. - **8.** Il faut le doubler avant de doubler. - Un apport dans la corbeille. - **9.** Inculte. - Parfois barbu. - **10.** Fait office. - Réfléchis. - **11.** Provoque un demi-sommeil. - Drapeau triste.

HORIZONTALEMENT

A. Rata Oscar avec Omar. (3 mots) - **B.** En bas de la chaîne. - Ne ressemble pas à une tête de fémur. - **C.** A du jeu. - Une histoire compliquée. - **D.** Sénèque un au revoir. (3 mots) - **E.** Agréable. - **F.** Apparaît dans un hologramme. - Réfléchi. - **G.** Sa dauphine a vécu un four. - Société. - **H.** Ne tiennent pas en place. - **I.** Il arrive en courant.

VERTICALEMENT

1. Ersatz. (2 mots) - **2.** N'atteint jamais le stade adulte. - **3.** Aime l'ordre. - **4.** A fait l'affaire pour Dumas. - Mince aminci. - **5.** Sur l'agenda. - Entre dans la composition de l'éosine. - A pris un coup de club. - **6.** Sommes doublement perdus. - Raccourcir aux extrémités. - **7.** Ferai le trottoir. - **8.** Volant parfois. - Fait un angle droit avec 5.2. - **9.** Ne sera jamais grand. - **10.** Prise de paludisme. - Fait de l'effet - **11.** Commune en Mayenne. - Identique.

	1	2	3	4	5	6	7	8	9	10	11
A						■		■			
B											
C										■	
D				■							
E							■				
F						■					
G				■				■			
H								■			
I											

HORIZONTALEMENT

A. Perdre de la hauteur. - Met la pression. - **B.** A de nombreux sommets. - **C.** Pièces de bœufs. - **D.** Nom de code. - Sol peu propice à la production d'oranges. - **E.** Étendus. - Parler pour ne rien dire. - **F.** Accessible. - Construction temporaire. - **G.** Quasiment muet. - Toutes rouges. - Victime d'un dam, il devient anonyme. - **H.** Font prendre de la hauteur. - À l'extrémité du coude. - **I.** Expédiées.

VERTICALEMENT

1. Couvrit son chef. - **2.** Bande à parts. - **3.** Bandent à part. - **4.** Dada intime. - Émut. - **5.** Administrées. - Secret Britannique. - **6.** Emploie des chercheurs. - À l'extrémité des orteils. - **7.** Assez sectaire. - Confirme et reconfirme. (2 mots) - **8.** Conserve lorsqu'il est vert. - **9.** Réside en péninsule. - **10.** Berge d'un long fleuve pas toujours tranquille. - N'est plus isolé. - **11.** Rajeunies.

	1	2	3	4	5	6	7	8	9	10	11
A											
B								■			■
C											
D		■		■						■	
E				■				■			
F						■					
G											
H											
I						■		■			

HORIZONTALEMENT

A. La belle et l'âge bête. - **B.** Trier. - Cardinaux. - **C.** Vous avez demandé la police. - **D.** Parer les moniales. - **E.** Sorcier. - Risque de se faire expulser par le club. - Produit du frai. - **F.** Auréolé. - Possessif. - A la page. - **G.** Le chiant des baskets viles. (3 mots) - **H.** Des rapines et des ailes. (mot composé) - **I.** Aboutez. - Mal en pis.

VERTICALEMENT

1. Bosse à novas. - **2.** Dignitaire ottoman. - Récipient. - **3.** Accablent. - **4.** S'épanche en Calabre. - Tué. - **5.** Chicanerez. - **6.** Un effet qui réchauffe. - Étui de protection. - **7.** L'orgueil et hardi. - **8.** Circule à Lima. - Prestations sociales. - **9.** Était indien. - Groupe de hip-hop marseillais. - **10.** Pronom. - Âgé. - **11.** Déploiera.

Indices p. 136 haut - Solution p. 188 haut

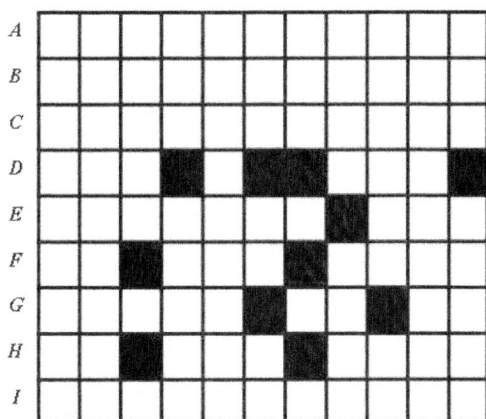

HORIZONTALEMENT

A. Virage fantôme. (2 mots) - **B.** Quand on n'a que labour. - **C.** A cessé le travail. - **D.** Armée secrète. - À moitié cousue. - **E.** Jambière. - Provoque la curée. - **F.** Le lac des cimes. - Bavard bariolé. - Porte bois. - **G.** Calabraise pimentée. - Fait l'unité en Chine. - Mesure astronomique. - **H.** En portée. - Crise d'identité. - Avance faite en liquide. - **I.** En tiennent une couche.

VERTICALEMENT

1. L'amusée du Louvre. (2 mots) - **2.** S'il vivait encore, donnerait volontiers un coup de pouce. - **3.** Éméchée. - **4.** Ses branches s'unissent à Khartoum. - Premier de la classe. - **5.** Facilite la compréhension. - **6.** À régler. - Reste de scandale. - Un peu désuet. - **7.** Panique à la station. - **8.** Redding hôte. - Premier. - **9.** Un essieu bon pour la casse. - Contracté. - **10.** Permet de résister à l'action du vent. - **11.** Temps variable. - Retournés aux restos.

Indices p. 136 bas - Solution p. 188 bas

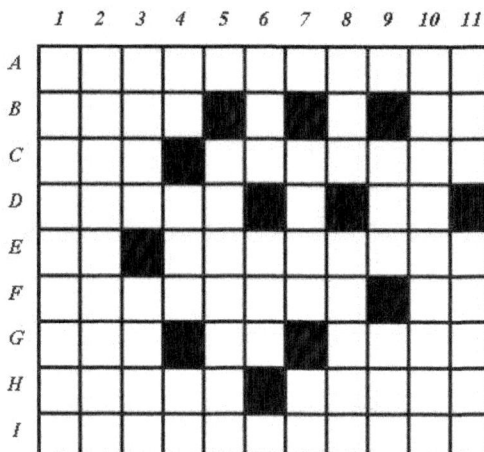

HORIZONTALEMENT

A. Homard scie. - **B.** Protections. - Examiné. - **C.** Station. - Génère un manque de fermeté. - **D.** Souhaits. - Recherche téléphone désespérément. - **E.** Par exemple. - Concerne un nouvel arrivant. - **F.** Ourdirais. - Sa vie fut sabotée. - **G.** Chaîne américaine. - Champion. - Plus intéressant s'il est sans intérêts. - **H.** Une perle. - Attache facilement. - **I.** Piles ou masses.

VERTICALEMENT

1. Milite papillons. - **2.** Cumule les sommets. - **3.** Myriapode. - Liée - **4.** Escadron de protection. - Où s'affichent les titres. - Un peu toc-toc - **5.** Orienterait. - **6.** Mesure la résistance. - A terrorisé en Algérie. - **7.** Intrus céleste. - Le chemin de la liberté. - **8.** Sans intérêt. - La fin pour Cléopâtre. - **9.** À remettre. - Omar scies. - **10.** Éludaient. - **11.** Moment chaleureux. - Sa queue est courue.

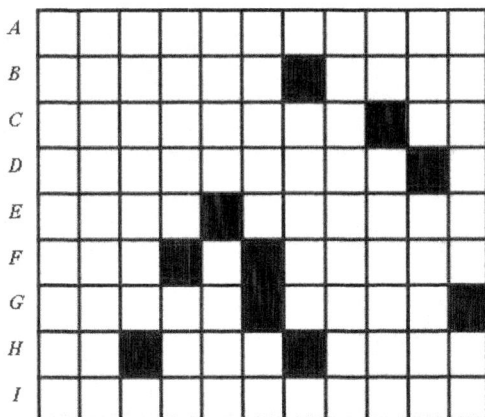

Indices p. 137 haut - Solution p. 189 haut

HORIZONTALEMENT

A. Les chiens qu'on y trouve sont plutôt serins. (mot composé) - **B.** Survol. - La sans gale et la fournie. - **C.** Rejet. - Se veut au courant. - **D.** Sa naissance est concomitante à un siège turc. - **E.** Des sardines à la cantine. - Libère la voie. - **F.** Un temps fou. - Se la coule douce entre ses collines. - **G.** Urge quand il est court. - Soutien. - **H.** Artère. - C'est entendu. - Amie si on sait comment la prendre. - **I.** Donnes le vertige.

VERTICALEMENT

1. Arrêt augure ces baths oboles. - **2.** S'exprimèrent à cœur ouvert. - **3.** Ne pas emporter. - **4.** Combien de Rois à Table ? - Il est souvent bourré. - **5.** Trébuchaient au Moyen -Âge. - Bleue avec les jetons. - **6.** Porte à conséquence. - Démonstratif du passé. - **7.** Fait trinquer. - **8.** Expédiées au sommier. **9.** Massif apprécié. - Passais un coup de fil. - **10.** Ici pionce Pilate. - Persécuté. - **11.** Arrêtée. - Tombeur de ces dames.

HORIZONTALEMENT

A. Le train sifflera trois fois à Helsinki. (2 mots) - **B.** Regroupement d'états. - Peut être du cadet le souci. - Ouvre un opéra de Wagner. - **C.** Arrêt à la station. - Arrivée à bon port. - Purifia. - **D.** Monceaux les miment. - Parfois étoilés. - **E.** Objet d'une en quête. - **F.** Met de l'ordre. - **G.** Le deuxième fait appel. - Deux qui font deux. - Horizon du Poilu. - **H.** Eton. - Mit au parfum. - **I.** Peut être utile à qui cherche la vérité. - Ne laisse pas sans voie.

VERTICALEMENT

1. Se replient sur eux-mêmes. - **2.** Transporte les sens. - **3.** Pas si purs que ça. - **4.** Peuple d'Asie. - S'italianise si on lui donne la main. - En avant la musique ! - **5.** Donne un faux brillant. - **6.** Empêche les meubles de frotter contre le mur... et pas uniquement dans les Alpes-Maritimes... - **7.** Fond de boîte. - Une bière trop brassée. - Instrument de mesure. - **8.** Pour covoiturer. - **9.** Faux verre. - **10.** Ambitionne de sortir de sa réserve. - Met sa patte à l'œil. - **11.** Plutôt une grosse tête que des genoux complètement de travers.

Indices p. 138 haut - Solution p. 190 haut

	1	2	3	4	5	6	7	8	9	10	11
A											
B									■		
C				■							
D									■		
E			■					■			
F				■			■			■	
G					■	■					
H										■	
I											■
J			■	■		■					

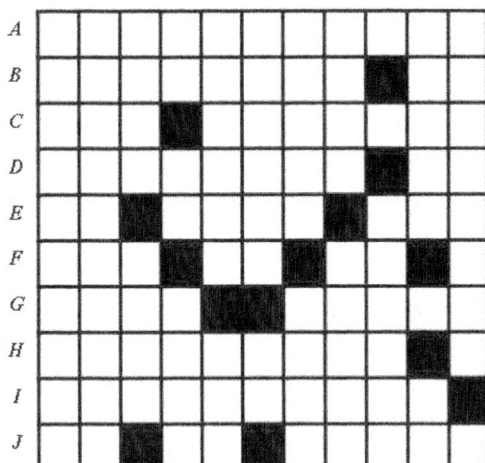

HORIZONTALEMENT

A. À qui profite la prime. (3 mots) - **B.** Poserez le fondement. - Dans les habitudes. - **C.** Acquis social. - Perturbent la Conférence. - **D.** Mineur. - Pronom. - **E.** Adverbe. - Sans suite. - Moyen de transport. - **F.** En plein marasme. - Comme le E.1. - Marque la surprise. - **G.** Une môme. - Vieille maxime. - **H.** Faire la lumière. - **I.** Judas. - **J.** Lui. - Mesure. - Igloo, igloo, igloo !

VERTICALEMENT

1. Un quidam qui n'est quand même pas là pour baffer les surveillants. - **2.** Accessoires. - **3.** Vraiment commune en Italie. - Morceau d'Afrique. - **4.** Où es-tu ? - Nombre d'admis. - Combinaison. - **5.** Transalpine. - Romains. - **6.** Eut dada. - C'est. - **7.** Bloqués à zéro. - Marque l'opposition. - **8.** A une bonne côte. - Station parisienne. - **9.** Idéal pour la satisfaction du B. - **10.** Fit tomber le chef. - Utile au maçon espagnol. - **11.** Pour dire les mots bleus.

Indices p. 138 bas - Solution p. 190 bas

	1	2	3	4	5	6	7	8	9	10	11
A											
B											
C			■		■						
D			■								
E									■		
F			■					■			
G		■			■						■
H						■					
I						■					
J								■			

HORIZONTALEMENT

A. Popol emploi. - **B.** Misa sur son trente-et-un. - **C.** Pousse au milieu. - Pelure. - **D.** Unité que gemme. - Habillerons à la hâte. - **E.** Ensembles. - Pro. - Peuvent faire la soudure. - **F.** Hier midi. - Où est-elle ? - CQD avant. - **G.** Demi-sommeil. - A son arc à Rome. - **H.** Dernière de la liste. - Sont souvent accostés. - **I.** Coup de fusil. - En courant continu. - **J.** Répugne. - Ainsi soit-il.

VERTICALEMENT

1. La faim des abricots. - **2.** Parasite. - Moitié de nana. - **3.** Devrait être honoré. - Embellit un intérieur. - **4.** Femme de méninges. - **5.** Ravis aux raviolis. - Direction. - Sorte de papier. - **6.** Peuvent bloquer le bras. - Conjonction. - **7.** T'as bouille à rasades. - **8.** N'ont pas d'existence réelle. - Restés voilés. - **9.** Mots croisés. - Trimait. - **10.** Favorise la satiété, néfaste en société. - **11.** Ne contribue pas forcément à la beauté. - Attrait.

	1	2	3	4	5	6	7	8	9	10	11
A											
B					■				■		
C										■	
D		■									
E				■	■						
F									■		
G										■	
H						■	■				
I		■									
J											

Indices p. 139 haut - Solution p. 191 haut

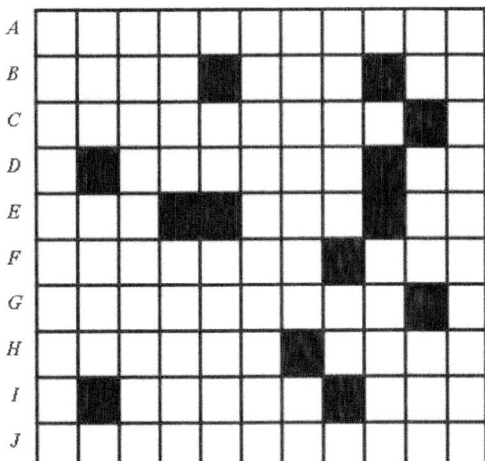

HORIZONTALEMENT

A. Pouliche secours. - **B.** Guide religieux. - Mère anglaise. - Le numéro du leader. - **C.** Attractions de l'entracte. - **D.** Consommions. - Sortis de l'auberge. - **E.** Chaîne d'infos. - Un peu beaucoup. - Mesure peu. - **F.** Végétée. - Érigea une pyramide. - **G.** Suscitera. - **H.** Mis en lieu sûr. - C'est du raide. - **I.** Reine d'Égypte. - Finit par être Sûre. - **J.** Agitation dans l'air.

VERTICALEMENT

1. À l'heure où blanchit la compagne. - **2.** Relie le Rhin à l'Elbe. - À affranchir plein tarif. - **3.** Chambre à louer. - **4.** Affectés. - La Plus Belle Voix de 2014. - **5.** Double romain. - Ultra bordélique. - **6.** Et pourtant ses prix galopent. - **7.** Manque de tranchant. - Son produit par le morse. - **8.** Distrait. - Le bruit que fait la baguette. - **9.** Pan dans le mur. - **10.** Nourrit les étudiants. - Coup imparable. - Fut obligé. - **11.** Peine capitale.

Indices p. 139 bas - Solution p. 191 bas

	1	2	3	4	5	6	7	8	9	10	11
A											
B											
C				■						■	
D										■	
E	■				■						
F		■						■			
G						■	■				
H				■							
I						■					■
J				■							

HORIZONTALEMENT

A. Transport aérien. (2 mots) - **B.** Ils font monter la pression. - **C.** Numéro à 13 chiffres. - Disciple. - **D.** Déplacera. - Tranche de saucisson. - **E.** Sommet. - Zébra. - **F.** Mettra sur un même pied. - En mai, fais ce qu'il te plait. - **G.** Sont dans le pétrin. - Coup de vent sur la croix. - **H.** Deviendra élégant. - Concentrations militaires. - **I.** Envoyé spécial. - Cherche à être dans le vent. - **J.** Explosif. - Mères accompagnées.

VERTICALEMENT

1. Indique l'affection. - **2.** Voisin des Trois Rois. - À prendre pour grimper. - **3.** Plaçaient en hauteur. - **4.** Taxation du travail. - Se froisse en cas de mauvaise conduite. - **5.** Finesses. - **6.** Donne la vie. - **7.** Le monde du silence. - Boxe à louer. - **8.** Halai bien. - Petite terre. - **9.** Parfois mis au coin. - Se pousse du col dans la famille des ponceuses. - **10.** En fin de testament. - Ensoleillée. - **11.** Ondes de choc.

Indices p. 140 haut - Solution p. 192 haut

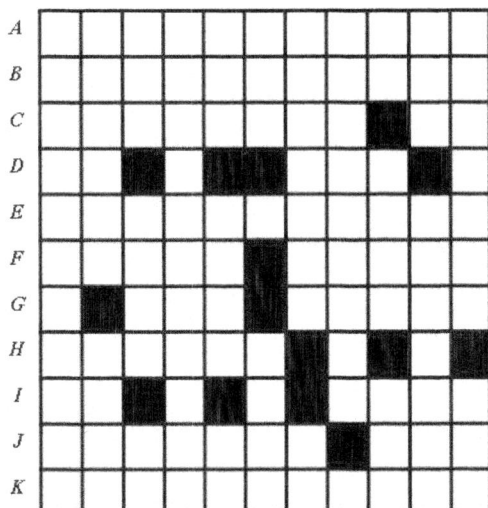

HORIZONTALEMENT

A. Mère catho. - **B.** Pour le violon, on connaissait la musique. - **C.** Sont à rendre. - Tronc tronqué. - **D.** Bâtisseur espagnol. - Ça m'est égal. - **E.** Y'a d'l'abus ! - **F.** Au jardin des délices. - Prendre le meilleur. - **G.** Pour cheminer au plus près des crêtes. - Sauts périlleux arrières. - **H.** Ferrailliez. - **I.** Triplé pour réfuter. - A pris ses quartiers dans la pomme. - **J.** Pas encore à poil. - Peut partir en croisade. - **K.** Je vous prie de bien vouloir m'esquisser. (3 mots)

VERTICALEMENT

1. Moule de bout chaud. - **2.** Fait du neuf avec du vieux. - Galéra. - **3.** Imprenable. - Militaires spécialisés. - Ouvert à tous. - **4.** Asseoir. - **5.** A une tête d'idiot. - Broc antique. - Note. - **6.** Les Chinois en pincent pour lui. - Roule sa bosse en Inde. - **7.** On les a à l'œil. - La fin justifie le moyen. - **8.** Régions odorifères. - **9.** Eau plate africaine. - Ouverture en tête. - Quand la vieille mère chouette fait sa lessive. - **10.** Fait carrière. - Boîte à outils. - **11.** Tentera. - Prête l'oreille.

	1	2	3	4	5	6	7	8	9	10	11
A											
B						■				■	
C		■	■								
D											
E			■			■		■			■
F				■			■		■		
G											
H											
I										■	
J		■									
K				■						■	

HORIZONTALEMENT

A. Explorateur moderne. - **B.** Indien, en principe. - Demi rasade. - **C.** A de la poursuite dans les suidés. - **D.** Anus horribilis. - **E.** Au fond du slip. - Cuir assez. - Court, le furet. - **F.** Tendance actuelle. - Tu es dans l'œuf. - Géant russe. - **G.** Veilleur de nuit. - **H.** On la prend généralement à qui en a trop. - **I.** Une forme d'équilibre. - **J.** Ne s'en laisse pas contrer. - **K.** À découvert. - Son Pannard fait monter la Mayennaise.

VERTICALEMENT

1. Claque muré. - **2.** Acte d'un opéra. - Peuvent finir en troussepinette. - **3.** Le moins comique dans la série des Simpson. - Harmonie. - **4.** Gitans. - Mâché opus. - **5.** Pour un test de personne alitée. - **6.** Pour un bridge et pour un pont. - Pourront crâner quand elles seront ordonnées. - **7.** Scandinave. - Le guérisseur. - **8.** Franchis le pas. - Coquine. - **9.** Peut laisser le chien. - Se pratique à l'église. - **10.** A de la valeur, parfois. - **11.** Les dernières des dernières. - Serez babas.

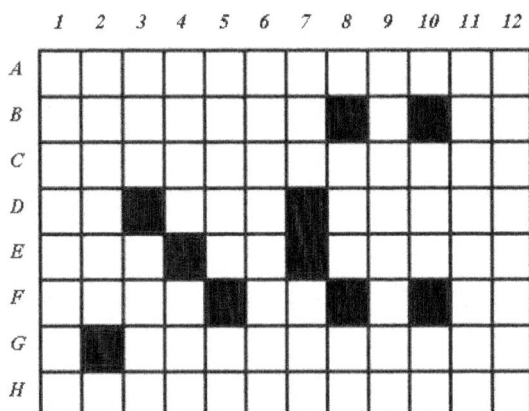

Indices p. 141 haut - Solution p. 193 haut

HORIZONTALEMENT

A. C'est pas deux mains la vieille. (2 mots) - **B.** Tremper. - Exclamation. - **C.** Avait un saphir au bout du bras. (mot composé) - **D.** Fait le lien. - Bris d'épée. - Un des sept. - **E.** Placé beau. - Reclus poussé à ses dernières extrémités. - Réduite en miettes. - **F.** Des fils à retordre. - Le miroir du B-2. - Bords de mer. - **G.** Blanchie. - **H.** Un peu légers. (mot composé)

VERTICALEMENT

1. Triées sur le vélo. - **2.** Envoie de toutes les couleurs. - **3.** Roi. - Se relève une fois miction accomplie. - **4.** Où faire l'andouille. - En fin de semaine. - **5.** A pris soin d'Himmler. - Tâche d'encre. - **6.** Judas nanas. (mot composé) - **7.** Composant d'un ordinateur. - Fait le point. - **8.** Y'a dans la joie. - Composant du miel. - **9.** Par chance il ne manque pas de veines. - **10.** Questionne sur l'identité. - Pour mettre d'équerre. - **11.** Autant en emporte l'évent. (3 mots) - **12.** Font la conservation pendant la conversation.

Indices p. 141 bas - Solution p. 193 bas

	1	2	3	4	5	6	7	8	9	10	11	12
A												
B												
C			■				■					
D				■					■		■	■
E					■			■		■		
F		■				■						
G												
H												

HORIZONTALEMENT

A. A de la fuite dans les idées. - **B.** Souvent, ça chant pas bon. (mot composé) - **C.** Commune en Marne. - Pour les indécis. - Boisson forte. - **D.** Je vous salis ma rue. - Manque de sel. - **E.** Auxiliaire de vie. - Mis en boîte. - Ne doit pas être oublié. - **F.** Dame de cœur, en un sens. - Mordant. - **G.** Bruit que roulent les mécaniques. - **H.** Structure semi-rigide pour devantures et balcons. (mot composé)

VERTICALEMENT

1. Beaux parleurs. - **2.** Réglât. - Eau pyrénéenne. - **3.** Inscrit aux cabinets. - Caractéristique d'un dur à cuir bien pressé. - **4.** Guère de Troie. - Mal trié. - **5.** Superstructure. - Personnel. - **6.** Pays d'Afrique centrale. A fait cesser le travail. - **7.** En sueur. - Créature surnaturelle. - **8.** Prière du milieu de l'après-midi. - On y prêche, y prêcha. - **9.** Permet de situer. - Le 3-1 avec de l'élégance. - **10.** Spectacle. - Manque de nerf. - **11.** Comme. - On y entre avant de frapper. - **12.** A plu s'il n'a pas plu. - Habille.

Indices p. 142 haut - Solution p. 194 haut

	1	2	3	4	5	6	7	8	9	10	11	12
A												
B												
C		■			■						■	
D					■			■				
E		■										
F					■		■				■	
G			■					■	■			
H								■				

HORIZONTALEMENT

A. La bête du « *J'ai vos dents* ». - **B.** Benjamin grivois. (2 mots) - **C.** Elément d'un lustre. - Ému. **D.** Crimée châtiment. - Dans le champ opératoire. - **E.** Elle en connaît un rayon. - **F.** Victime de la contestation. - Contesta. - **G.** De la fuite dans les idées. - Est attendu. - Voie la mer. - **H.** Pavillon. - Mis à sac. (2 mots)

VERTICALEMENT

1. Le deuxième du nom avait du chien. - **2.** A des feuilles sous ses branches. - A mine Dada. - **3.** Star du ballon rond. - **4.** Tours de chant. - **5.** Fait cesser le travail. - Dans le noir. - On peut les trouver dans un aquarium. - **6.** Fait écran. - État second. - **7.** Naguère mal foutu mais toujours raide. - Pousse à la reprise. - **8.** Col démonté. - Faisait bouillir la soupe au lait. - **9.** Devrait sortir s'il est petit. - **10.** Mûr pour les lamentation. - **11.** Signes de mauvaise humeur. - Possessif inversé. - Vache avec un cœur de lion. - **12.** Feras le grand écart.

	1	2	3	4	5	6	7	8	9	10	11	12
A												
B												
C												
D												
E												
F												
G												
H												

HORIZONTALEMENT

A. Dis z'y qu'il est psy. (2 mots) - **B.** Remettre le fou à sa place. - Ne saurait être suspecté de vol. - **C.** Un peu, mon neveu ! - Prend l'accent pour demander son chemin. - A coincé la bulle au cinéma. - **D.** Une confiance aveugle. (2 mots) - **E.** Choisissiez. - Fait l'appel - **F.** Bas de l'aile. - **G.** Tissasse à nouveau. - Un début de réponse. - **H.** Favorise les ébats.

VERTICALEMENT

1. Cher et rasades. - **2.** Un gendre apprécié. - Tiré de la queue du chien. - **3.** Fait sauter. - Faisant preuve de goût. - **4.** Changeons de ton. - Quartier d'orange. - **5.** Absurde. - **6.** Cardinaux. - A du mal à choisir. - Possessif inversé. - **7.** Pute ou pucelle. - **8.** Doit éviter l'eau pour éviter les éclats. - Place centrale au restau. - **9.** Un coup qui fait avancer. - Redonne la balle. - **10.** Bourré sans être plein. - **11.** Mais quelle heure est-il ? - À l'origine de la rumeur. - **12.** Attendu. - Voir pour savoir comment se conduire.

Indices p. 143 haut - Solution p. 195 haut

HORIZONTALEMENT

A. Trime et chatte immense. - **B.** Les pendants des tenants. - **C.** Île et dans l'eau. - Mises à niveau. - **D.** Combinaison. - Lumière noire. - Court d'eau. - **E.** Urticante. - Empilai. - **F.** Issues de la division de quarante par deux. - Court côtier. - Cercle nautique. - **G.** Titubâtes. - **H.** Par quoi les sandales arrivent. - Pare aux éclats. (mot composé)

VERTICALEMENT

1. Fadaises d'êtres en tas. - **2.** Se soumettrait. - **3.** Une petite dose d'héroïne. - Niveau. - **4.** Endommageriez. - **5.** Tranche de rôti. - Démonstratif. - Réunion. - **6.** Va souvent à couvert. - Truc turc. - **7.** Prestation sociale. - Bovidé. - **8.** Cellule reproductrice. - Mine d'or pour généalogistes. - **9.** L'aisance feinte du pas radis. - **10.** Entrent dans la composition du henné. - Court. - **11.** Bissasse. - **12.** Subit.

	1	2	3	4	5	6	7	8	9	10	11	12
A												
B			■		■		■		■			
C							■					■
D												
E												
F			■		■				■		■	
G			■		■				■			
H												

HORIZONTALEMENT

A. Allumeur de rêves berbères. (mot composé) - **B.** Le doute m'habite. - Fashion victime. - Peut faire école. - **C.** Un fond de tiroir. - Triplé pour faire la blague. - **D.** Des tas du mec tongs. (3 mots) - **E.** Plus portés sur l'action que sur la réflexion. - **F.** Endroit même à l'envers. - Sa valeur varie selon les jeux. - **G.** Privatif. - Gouttai. - Admiratif. - **H.** Le plus vieux métier du monde.

VERTICALEMENT

1. Fièvre acheteuse. - **2.** Ne favorise pas les contacts. - **3.** Copiai-collai. - **4.** Modelé par le vent. - Provoqué par la tsé. - **5.** Empêché la mastication. - **6.** Absorbée suite à l'effondrement d'un mur. - Modèle distingué. - **7.** Partie centrale de l'axis. - En un sens, c'est coton. - **8.** Dans la lune. - Henequen, et c'est pas de la petite bière... - **9.** Dans un sens, peut mettre la tête à l'envers. - Je vous parle d'un taon... - **10.** Embrasa sa campagne. - **11.** S'attaque au fond plus qu'à la forme. - Laisse le choix. - **12.** Légendaire. - Occasionne de la friture sur la ligne.

	1	2	3	4	5	6	7	8	9	10	11	12
A												
B							■					
C												
D				■	■			■				
E									■			
F												■
G												
H			■					■				

Indices p. 144 haut - Solution p. 196 haut

HORIZONTALEMENT

A. La ferme célérité. - **B.** La possibilité du Nil. - Obligea. - **C.** Accessoires. - **D.** Oiseau qui rit au Japon. - Similaires. - **E.** Spécifier. - Chef d'éléphant. - **F.** N'a rien de rectiligne. - **G.** Ne se racontent pas. - **H.** En fin de semaine. - Le port de l'imper est signe de son incompétence. - Évaluation.

VERTICALEMENT

1. Fumier tue. - **2.** Fait rempart. - **3.** Est-elle fidèle au cigare ? - **4.** Les dés sont jetés. - Bien châtié. - **5.** Poème. - Utilisât. - **6.** En souffrance. - **7.** Part d'Irlande. - **8.** Commune en Corse. - S'abrita derrière le rideau. - **9.** Sert de couverture. - Entrent dans la composition des habits. - **10.** Illusoire. - **11.** Tachées. - **12.** Piège à loups. - Assez strict.

Indices p. 144 bas - Solution p. 196 bas

	1	2	3	4	5	6	7	8	9	10	11	12
A												
B		■									■	
C										■		
D		■										
E												
F							■		■			
G												
H		■			■							

HORIZONTALEMENT

A. Par terre nos stères. - **B.** Une vedette de la coupe. - Fournit du combustible aux Tibétains. - **C.** Donner un coup d'épée. - Issu de l'UMP. - Demande du secours. - **D.** Ses ouvrages sont souvent plus imposants que ses œuvres. - Mauvais cheval. - **E.** Sa veste n'a aucun sens. - **F.** Drôle de manie. - Façon d'éviter le chasse-neige. **G.** Avis irrecevable par l'intéressé. - Fourre tout délicatement. - **H.** Fait l'article à Madrid. - Risquer d'être très déçu.

VERTICALEMENT

1. Gentleman cabrioleur. - **2.** Coûte bonbons quand elle chante. - **3.** Se fend pour laisser voir un cœur de midinette. - **4.** Boisson fermentée. - **5.** Organismes vivants. - **6.** Transport pour l'habitat urbain. - 7. En 56, on y fit bouge bey. - **8.** Ne va pas de soie. - Bouts de pain. - **9.** Con qui s'adore. - **10.** Né en 1947. - Plante en étoile. - **11.** Voie de circulation. - **12.** Bouillon de culture. (3 mots)

HORIZONTALEMENT

A. Rendrez lourds dingues. - **B.** Ses biens pour le bien. - **C.** Gouttes d'eau. - Râpa. - Céréale. - **D.** À corps et à cris. - Rapport. - Cuvette. - **E.** Impôt mal perçu. - Exprimât. - **F.** Système de gouvernement. - **G.** Sain. - Bout de planche en hêtre. - Union politique éphémère. - **H.** Les boules ! *Qui est-ce ?* (3 mots)

VERTICALEMENT

1. S'offre au logis. - **2.** Le mime rameau. - **3.** Court les mers s'il échoue. - Plot cassé. - **4.** Or blanc. - **5.** Fumier. - **6.** En plein pastis. - **7.** Une insulte qui fit un succès. - Effet boomerang. - **8.** Mamie fer. - **9.** Visiteurs du soir. - Soulage quand il est noir. - **10.** La mégère à grivoiser. - **11.** Est de mèche. - Pièces auto. - **12.** Le chantre des partisans.

Indices p. 145 bas - Solution p. 197 bas

	1	2	3	4	5	6	7	8	9	10	11	12
A												
B								■			■	
C		■			■							
D												
E					■					■		
F				■			■					
G		■									■	
H												

HORIZONTALEMENT

A. Générateur de chaleurs. (mot composé) - **B.** Fait l'école buissonneuse. - Quartier de Tunis. - **C.** Peut mettre fin à une amitié. - Snobez. - **D.** Rase gratis. - **E.** Passe sous la porte. - Vestiges du passé. - Dur si cher. - **F.** Sans motif apparent. - Opposées. - Chut ! - **G.** Fanfaron. - **H.** Harry cover. (2 mots)

VERTICALEMENT

1. Le sport de l'angoisse. (mot composé) - **2.** Métal. - Fait opposition. - **3.** Don du Père Noël. - **4.** Fait - comment dire - taire pour le commanditaire. - Plus ou moins fort selon le jeu. - **5.** Un peu d'espoir. - Décorations. - **6.** Paré pour la vente. - **7.** Élite éthiopienne. - Drap déchiré. - **8.** Privatif. - Scalpe être. - **9.** Rangeai à plus d'un titre. - **10.** La surface n'en manque pas. - Banque. - **11.** Monnaie. - **12.** Pif gadget. (2 mots)

	1	2	3	4	5	6	7	8	9	10	11	12
A												
B			■			■			■			■
C												
D			■			■						
E												
F										■		■
G				■								
H		■							■			

HORIZONTALEMENT

A. Une fille opère. - **B.** Favelas elle a. - Quasiment nul. - Renvoyées par l'écho. - **C.** Ne voyage pas sans baguage. - **D.** Peut rendre hystérique. - Pastis romain. - Presque guéris. - **E.** Police de caractère. (mot composé) - **F.** Voyage aux bouts de la nuit. - Guimbardes. - **G.** Démonstratif. - Réduirez en poudre à canon. - **H.** Coiffée. - Trois sur quatre.

VERTICALEMENT

1. Piège à conviction. - **2.** Sauvage. - **3.** Gardien du temple. - Métal pauvre. - **4.** Petite excroissance. - **5.** Donne des boutons. - **6.** Coït intervertus. - **7.** Trop facile ! - **8.** En souffrance d'instruction. - **9.** Où loger la casserole. - **10.** Péjoratif et spirituel. - Moment de repos. - **11.** Plutôt bonnes pâtes, mais à relever. - **12.** Azimut. - Métal pauvre.

Indices p. 146 bas - Solution p. 198 bas

	1	2	3	4	5	6	7	8	9	10	11	12
A												
B				■					■			
C												■
D							■					
E				■		■						
F									■			
G							■					
H				■								

HORIZONTALEMENT

A. Emballement. - **B.** Dorant pour mieux se sentir. - Et la tête alouette. - Petit douillet. - **C.** Expédiais à Vauvert ? - **D.** Invite fortement. - Des trous dans la raquette. - **E.** N'en rajoutez pas ! - Franchit la ligne. - **F.** Gueulait à tort et à travers. - A bien cartooné. - **G.** Attenta à la Tête de l'État. - Saillisse. - **H.** En fin d'année. - Ont de quoi rester coi.

VERTICALEMENT

1. S'il plaît au garçon. - **2.** Mise au jean. - **3.** Partage son box. - **4.** Pas sectaire. - Fer galvanisé. - **5.** Les Kips gonflent leurs bourses. - **6.** Mises à la poubelle. - Triplette. - **7.** Pièce à jouer. - Distance. - **8.** Erreur boréale. - **9.** Devait être traversé pour traverser Masséna. - Voit passer l'Euphrate. - **10.** Cercle polaire. - **11.** Voyage au bout de l'ennui. - **12.** Paris brûle-t-il ? - Vits s'ils sont masculins.

	1	2	3	4	5	6	7	8	9	10	11	12
A												
B												
C			■								■	
D	■				■		■		■			■
E												
F					■	■			■	■		
G												
H												

Indices p. 147 haut - Solution p. 199 haut

HORIZONTALEMENT

A. Les dégâts de la narine. - **B.** Désétatisons. - **C.** Métal. - Pillai. - **D.** Sur la rose. - Existes. - **E.** Prendre en formation. - **F.** Sélectionna. - Indication postale. - Dame de trèfle. - **G.** Juste un bruit doux. - **H.** Temps de pose.

VERTICALEMENT

1. Paravent chez moi. - **2.** La loi du plus tort. - A de l'allure. - **3.** Pour régler. - Non mais, halo, quoi ! - **4.** Bon pour le transit. - **5.** Dans un refrain révolutionnaire. - Dirige l'orchestre. - **6.** Mit la sauce. - Aux frontières du Niger. - **7.** La loi du plus tord. - Un demi en Sibérie. **8.** Tours de cous. - **9.** Sensible à la lumière. - Aux bouts des membres. - **10.** Inondes. - Voyelles. - **11.** Préfixe. - Autorise quand il est blanc. - **12.** Se gare à Paris. - Dégaze.

	1	2	3	4	5	6	7	8	9	10	11	12
A												
B												
C			■				■			■		
D					■			■		■		
E												
F				■								
G						■						
H										■		

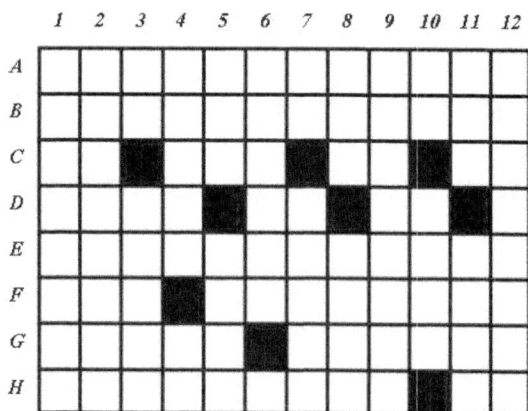

HORIZONTALEMENT

A. La loi des scieries. (2 mots) - **B.** Point de suspension. (3 mots) - **C.** Le commencement de la richesse. - Un bout de phrase. - On peut en trouver dans chaque petit bled. - Raccourci pour l'exemple. - **D.** Algérienne radieuse. - Morceau de métal. - Étrange créature. - **E.** La croisière abuse. (2 mots) - **F.** Prestation sociale. - On y régla ses comptes. (2 mots dont un acronyme) - **G.** Drôles de dames. - Donne la fièvre. - **H.** Toute retournée. - Existe donc.

VERTICALEMENT

1. Échappatoire. - **2.** Rêve party. - **3.** Romains. - Étrange créature. - **4.** Pays Africain. - Trajet qui peut sembler erratique. - **5.** Conservés. - C'est pas nous ! - **6.** A souvent la frite. - **7.** Noce court. - Attachât. - **8.** Est doublé pour les scènes osées. - Capitale. - **9.** L'état d'un baudrier après une sévère chute en montagne. - **10.** Métal. - A demandé qu'on l'emmène danser un soir. - **11.** Laps de temps. - Membres de là courts. - **12.** Une certaine éducation.

	1	2	3	4	5	6	7	8	9	10	11	12
A												
B					■		■			■		
C				■							■	
D							■			■		
E							■					
F				■								
G							■			■		
H												

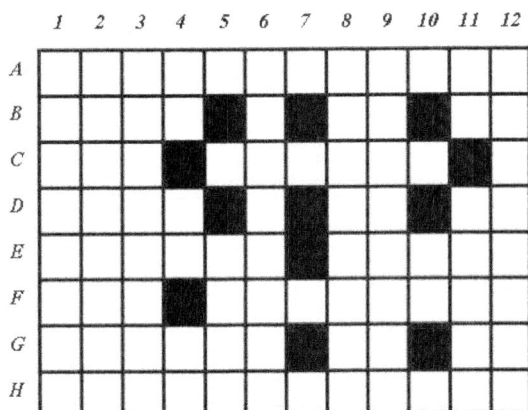

HORIZONTALEMENT

A. Chère est rasade. (mot composé) - **B.** Montre le chemin. - Ce n'est qu'un au revoir. - Sacré numéro. - **C.** Pour le chasseur comme pour le chassé. - Modèles. - **D.** Choisit. - Romains. - En marge. - **E.** S'en bat l'œil. - Il faudra bien qu'il y Vienne. - **F.** Accompagne un effort. - Orque est-ce ? - **G.** Eau secours ! - Article. - Morceau de bois. - **H.** Ça va faire mâle.

VERTICALEMENT

1. Je suis fou du choc au lac en vain. - **2.** Ossement d'épaule. - **3.** Les secs péchés capiteux. - **4.** Demi jour. - Sur convocation. - Fait preuve d'adresse. - **5.** Pourparlers. - **6.** Parés. - **8.** Été grosse gêne. - **9.** En tête de page. - **10.** Cours d'eau. - **11.** Débris de tuile. - Sein. - **12.** Ça peur pompier.

Indices p. 148 bas - Solution p. 200 bas

	1	2	3	4	5	6	7	8	9	10	11	12
A												
B		■								■		
C			■		■		■	■	■			
D												
E												
F								■				
G		■		■			■					
H												

HORIZONTALEMENT

A. Les trempettes de la renommée. - **B.** Laissent peu de traces. - Jour particulier. - **C.** Queue de loup. - Voyagent en car. - **D.** Mort (de rire) aux chants d'horreur. - **E.** Du beau, du bon, du bonnet. - **F.** Affaire de famille. - Peut se broyer. - **G.** Tranche d'ananas. - Polynésienne. - **H.** Indice de bien-être.

VERTICALEMENT

1. Se met en actions. - **2.** Prétentieux. - **3.** Ivaie t'ornais. - On lui demande de l'avancement. - **4.** Sans effets spéciaux. - **5.** Pertes de sang. - Drôle d'oison. - **6.** Perdu en plein dédale. - Esprit du faucon chez les sioux. - **7.** Se casse un angle. - **8.** Métal. - Fait partir à reculons. - En général tapioca quand on le moule. - **9.** Carpe. - C'est au pied du mur qui s'est écroulé qu'on le voit. - **10.** Parfait dans un alliage. - **11.** Domine le département. (avec l'article) - **12.** En fit des tas.

	1	2	3	4	5	6	7	8	9	10	11	12
A												
B			■									
C					■				■			
D		■								■		
E							■					
F					■					■		
G			■						■			
H	■							■				
I									■			

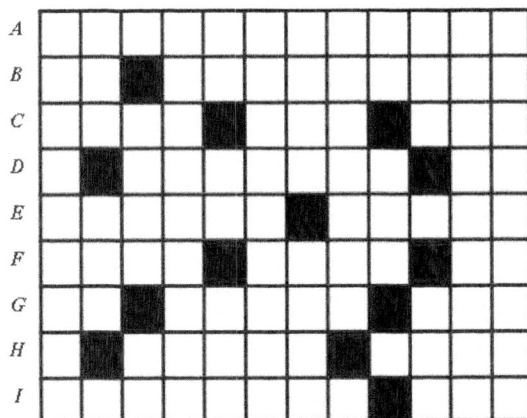

Indices p. 149 haut - Solution p. 201 haut

HORIZONTALEMENT

A. La corbeille a pas pied. - **B.** En panne. - Eau secoue ! - **C.** Parfois brumeux. - Agité. - Protecteur. - **D.** Du neuf avec du vieux. - Exprime le contentement. - **E.** Décortiqués. - Précise la temporalité. - **F.** Goupilla. - Vidé de son sang. - Un exemple à suivre. - **G.** Un tiers du trajet. - … et tente. - Vieux parti. - **H.** Ressenti. - Salue un retour à l'improviste. - **I.** Font un emprunt forcé. - À bout de course.

VERTICALEMENT

1. Poisson violent. - **2.** Ses bonnes résolutions ne sont pas toujours suivies d'effets. - Forme de pouvoir. - **3.** Ne favorisent pas les échanges. - A montré une capacité. - **4.** Charcuter. - **5.** Vieille caisse. - À l'œil. - Ouvert au public. - **6.** La fin des abris clos. - **7.** L'effleure du mâle. - Composé chimique. - **8.** Sobre y était. - **9.** Un p'tit coin d'paradis. - Mode de stationnement. - **10.** Pièces de boeuf. - En avant la musique ! - **11.** Biens surtout rapports. - **12.** Lieu de détention.

Indices p. 149 bas - Solution p. 201 bas

HORIZONTALEMENT

A. Parfois W par manque de reconnaissance. - **B.** Transformer. - Fisse de la place. - **C.** Spécialiste. - **D.** Manifestait de bon cœur. - Fragment de météorite. - **E.** Vous avez demandé la police. - Entre dans les habitudes. - **F.** Facilite le passage. - **G.** Un peu bête. - Référé. - Clou qui s'enfonce dans les bois. - **H.** Prendrai. - **I.** Cavité. - Permet d'esquiver en mélangeant. - **J.** Est appelé pour la générale.

VERTICALEMENT

1. Secret de pêcheur. - Gendarme. - **2.** Récipient. - C'est point ça. - **3.** Offre une porte de sortie. - **4.** Quand on y jette, c'est un abandon total. - Se munit d'une tige pour battre. - **5.** Garde l'équilibre. - Est ailleurs. - **6.** Félin américain. - Prennent un air de côté. - **7.** Colonne qui supporte la tête. - **8.** Plan d'eau. - Ne sont jamais autant fusionnels que quand ils sont brouillés. - **9.** Courant à Glasgow. - Des balles dans le Phocée. - Juge d'Israël. - **10.** Sale tour de tour. - Transportés. - **11.** Trois pétales. - Touchait au but. - **12.** Intense. - Sirote.

	1	2	3	4	5	6	7	8	9	10	11	12	13
A													
B		■							■			■	
C													
D					■		■			■	■		
E		■											
F					■		■						
G													

HORIZONTALEMENT

A. Farces et à Trappes. (2 mots) - **B.** Fait qu'on regrette. - Fait des bulles. - **C.** Victime du Corona virus. (2 mots) - **D.** Est à deux doigts de l'immobilisme. - Est à trois doigts de l'immobilisme. - Paire cent. - **E.** Ferai table rase. - **F.** Exténuât. - Coin coin. - **G.** Ferions vieillir rapidement.

VERTICALEMENT

1. Canalisation intérieure. - **2.** Le quarantième n'intéresse personne. - Cap. - **3.** Tient la route. - **4.** Activités de recherche. - **5.** Loup y es-tu ? - **6.** Formatai. - **7.** Laisse les Allemands de glace. - **8.** Altération. - **9.** Quart temps. - **10.** Grigri. - Fait rappliquer. - **11.** Des grains à moudre. - Aphérèse d'un sauteur à poche. - **12.** On aurait juré comme un Chartier. - **13.** Très tendance.

	1	2	3	4	5	6	7	8	9	10	11	12	13
A													
B							■						
C									■				
D			■		■								
E							■						
F			■			■					■		
G									■				

HORIZONTALEMENT

A. T'es tonique des claques. (2 mots) - **B.** Pelles. - Disparaît avec vaches et cochons. - **C.** Perturber. - Le mot de la faim. - **D.** Sort du hareng. - Saille. - **E.** Souffle le chaud au froid. - Paisible. - **F.** Figure sur certains cartons. - Pour faire un peu d'esprit. - Partie de Lyre. - Courant en Écosse. - **G.** Repassée au banc. - Saucissonnée.

VERTICALEMENT

1. Mieux vaut éviter de prendre la mouche en sa présence. - **2.** Pelisse municipale. - **3.** Au bord du Douro. - **4.** Hommes canons. - **5.** Peut être le fruit du rasoir. - Se servit. - **6.** Cordages. - **7.** Morceau de poulet. - Fait de l'effet quand il te ment. - **8.** C'est pas vipère au point. - **9.** Passe par tout. - Dégel. - **10.** Concerne une excroissance et ça met une claque à l'optimiste. - **11.** Cuit. - **12.** Sorti d'un état critique. - **13.** Absinthe pour cause de maladie.

Indices p. 151 haut - Solution p. 203 haut

HORIZONTALEMENT

A. Toilette intime. (3 mots) - **B.** Quartier de Gstaad. - Devient croustillante si on la dote comme il faut. - Fait preuve de distinction. - **C.** Mobile. - Made in USSR. - **D.** Pointure. - Tribu renversée. - **E.** Sort des sentiers battus. - **F.** Tête de nœud. - Le dessus du panier. - Ruminant. - **G.** Sans relief. (mot composé) - Pays.

VERTICALEMENT

1. Jeu de rôles. - **2.** Carpe idem crochet. - **3.** Peuple Ivoirien. - **4.** Maugréa. - **5.** Apéritif. - **6.** C'est les nerfs ! - Panique au syndicat. - **7.** Membre du barreau. - **8.** Ruminant. - **9.** Problème de santé. - **10.** Réfutent. - **11.** Quasi mot do. - Morceaux de papaye. - **12.** Pays. - Gouttes d'eau. - **13.** Bois. - Encagoulés.

	1	2	3	4	5	6	7	8	9	10	11	12	13
A													
B				■		■		■			■		
C													
D													
E				■				■					■
F						■							
G													

HORIZONTALEMENT

A. Dément de mi-dits. - **B.** Salut. - Onze. - **C.** Atterrissage de fortune. (2 mots) - **D.** Ses affaires ne sont pas toujours claires. - **E.** Doublé pour rien. - Donne à voir à Londres. - Participe - **F.** Orifice marin. - Issu d'un corps. - **G.** Idéal pour un pied-à-terre. (mot composé)

VERTICALEMENT

1. Pour ne pas que le cancer y gêne. - **2.** Surfe sur le vague. - **3.** Rentrez quand vous aurez mis un peu d'ordre. - **4.** Double sens. - À l'extrémité d'un rond. - **5.** Larmes que cache Laforêt. - **6.** Dame, un mouton ! - **7.** Déparasite. - **8.** Peut générer une tumeur. - Met la pression. - **9.** Saut. - Filet mignon. - **10.** Fait disette. - 11. Se battent souvent. - **12.** Calculatrice. - **13.** Agencer. - La fin et le moyen pour l'architecte.

Indices p. 152 haut - Solution p. 204 haut

	1	2	3	4	5	6	7	8	9	10	11	12	13
A													
B				■		■				■			
C													
D				■		■		■		■		■	
E													
F				■		■		■					
G													

HORIZONTALEMENT

A. C'est vraiment trop gnons pour sa pomme ! (3 mots) - **B.** Trombe d'eau. - Près de ses sous. - Grande pour Eddy. - **C.** Des très mollo dans la voie. - **D.** A le fond plat. - **E.** Embarquement pour six pieds sous terre. - **F.** S'adaptera. - Air bi en coque. - **G.** Déboulent en vils à la campagne. (3 mots)

VERTICALEMENT

1. Un enfer pour le fisc. - **2.** Irritera. - **3.** Souillai. - **4.** Direction. - **5.** Composant de l'arnica. - Brame à poutre. - **6.** Jouai le pourrissement de la situation. - **7.** Excroissance pileuse. - Pôle position. - **8.** Prises par Madame Sans Gêne. - **9.** Pile pour accumulateur. - Vols à l'étalage. - **10.** Ses fleurs ont fait scandale. - **11.** Opacifiera. - **12.** Mélange gazeux. - Un peu plus c'est ultra. - **13.** Misérable enfant.

	1	2	3	4	5	6	7	8	9	10	11	12	13
A													
B													
C						■		■			■	■	
D			■										
E					■			■					
F									■				■
G										■			
H					■								

HORIZONTALEMENT

A. Le chiant du départ. (3 mots) - **B.** Jacques Chirac n'est pas le premier à l'avoir utilisé. - **C.** Se danse avec ou sans bas. - Trajet. - **D.** Manques de tact. - Fait rendre services. - **E.** Aussi quand y'a du tralala... - La moitié de ce qui précède. - Quels bazars ! - **F.** Accommodais aux petits oignons. - Fait le taxi à Londres. - **G.** Labourions encore et encore. - Imite le pinson. - **H.** Triste sire. - Voyagera par le rail.

VERTICALEMENT

1. Croît dans la phalange. - **2.** Arrêt aux porcs. - **3.** Aimant les images. - Blanches de casting. - **4.** Chétif fais moi peur. - **5.** Survivants d'une hécatombe. - Entrés dans la dance. - **6.** Décimés par les SS. - Unissais. - **7.** Pascal au bistrot si elle ne manquait pas de sel. - **8.** Avant de courir, puis de voler. - Syndicat enseignant. - **9.** Il vaut mieux qu'il crève ! - Genre littéraire. - **10.** Petits bouts de rôles. - Label et la bête, dans certains cas. - **11.** Objets pensants. - On en trouve parfois dans le café. - **12.** Pour manger sur le pouce. (mot composé) - **13.** On les aime quand ils sont chers. - Déjà rencontré dans la grille.

	1	2	3	4	5	6	7	8	9	10	11	12	13
A											■		
B							■				■		
C			■		■								
D													
E													
F			■			■							■
G						■			■				
H				■							■		

Indices p. 153 haut - Solution p. 205 haut

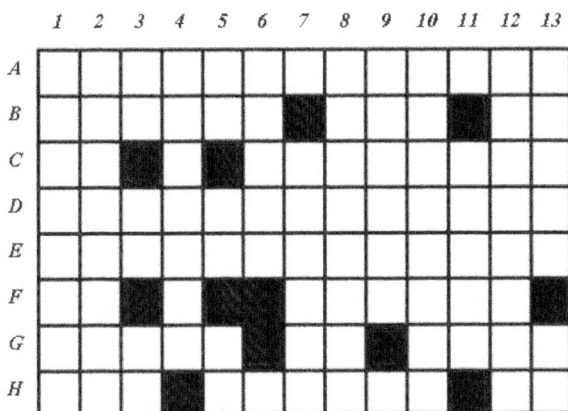

HORIZONTALEMENT

A. A été à deux doigts de rater le sommet. (2 mots) - **B.** Droit de l'homme. - Fait la queue. - À part suivre Io, ne fait pas grand-chose. - **C.** Multiples romains. - Désorganisait. - **D.** Hume, cerf en nage, hors. (3 mots) - **E.** Lesbos joli nous vaut état rêvé. - **F.** Privatif. - Prend son quartier à Paris. - **G.** Mal conduit. - Ferme la serrure. - Soleil inca. - **H.** Complète une information. - Donne la liberté d'interprétation. - Phase céleste.

VERTICALEMENT

1. A suivi sa bonne étoile avant de finir en bouteille. - **2.** Administra en Grèce. - **3.** En pleurs. - Période. - Encombré avant l'embouteillage. - **4.** Ne joue pas quand il est fatigué. - **5.** Dans la pliure. - Bande armée. - La sortie de l'entrée. - **6.** Élaborée. - **7.** Effectuera un prélèvement. - **8.** Font la foire. - **9.** Elles sont toutes là. - **10.** Ah, là, chat s'barre. - **11.** N'était pas bon chrétien. - **12.** Trottine de façon désordonnée. - **13.** Favorisée ou lésée. - Pourrait faire illusion.

Indices p. 153 bas - Solution p. 205 bas

	1	2	3	4	5	6	7	8	9	10	11	12	13
A													
B			■					■					
C													
D				■					■				
E			■										■
F			■						■				
G			■	■									
H			■					■					

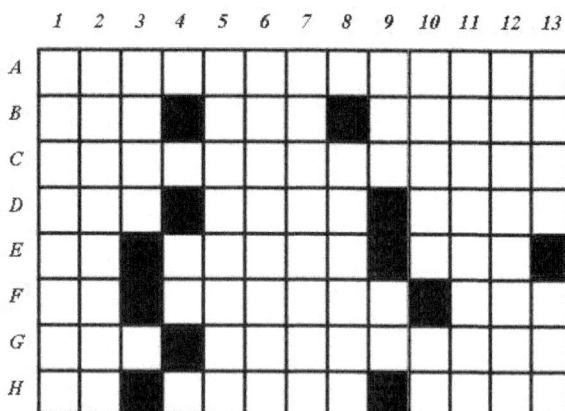

HORIZONTALEMENT

A. Maître d'autel. - **B.** Rappel du mâtin. - Production désagréable de la poule. - Peut être signe de stratégie. - **C.** Évite le gazon maudit. - **D.** Le soleil des ténors. - Un duc peu recommandable. - Borde l'écu. - **E.** Limite froid. - Un mont pour ma tante. - Quasiment neuve. - **F.** Aux bouts de la queue. - Difficile parfois de la boucler. - Faisait monter la pression. - **G.** Ce n'est pas vraiment le commencement de la fortune. - Une verticale mal tracée - **H.** Création de Spielberg. - Fut. - Pâte molle.

VERTICALEMENT

1. Provoque stupeur et tremblements. - **2.** Assurance de la police. - **3.** Salut. - **4.** Papillon à la vue désagréable. - **5.** À l'origine. - **6.** Tripette. - **7.** Trouvées dans le bas niveau. - **8.** Accident de terrain. - **9.** Beau parleur. - Aîné de Judas. - **10.** Dans le sein du sein. - Morceau de plastique qui ouvre bien des portes. - **11.** Il faut le jeter pour avoir la pêche. - **12.** Serai assez chouette. - **13.** Propre à l'homme. - Une femme au jardin.

Indices p. 154 haut - Solution p. 206 haut

	1	2	3	4	5	6	7	8	9	10	11	12	13	14
A														
B		■			■			■						■
C				■										
D			■							■		■		
E					■									
F							■							
G														

HORIZONTALEMENT

A. Se pratique avec un signe de croix. - **B.** Mesure l'énergie. - Grains de riz. - Agrément méditerranéen. - **C.** Issues du Messie. - Quelque chose de Tennessee. - **D.** Surprise ! - A le poil noir. - Surprise ! - **E.** Prit en considération. Colorierons. - **F.** Nom d'un archipel. - Il arrive qu'ils se taillent à toute vitesse. - **G.** Son essence justifie son existence.

VERTICALEMENT

1. Si on perd, c'est la tuile... - **2.** Pour mettre la dose. - **3.** Un petit Saint en Réunion. - Fit disparaître. - **4.** Ne capte pas toujours bien. - Entre dans la composition du whisky. - **5.** L'air qu'on dit sonné. - Paire de paire. - **6.** Sale à démanger. - **7.** Aimer tout son comptant. - **8.** Liquides organiques. - **9.** Causeur incompréhensible. - **10.** La possibilité d'une île. - Aspire à servir. - **11.** Trop d'la balle. **12.** Coule en Alsace. - Reste de pâte. - **13.** Entrent dans la composition de la cocaïne. - **14.** Mieux vaut éviter d'y être.

Indices p. 154 bas - Solution p. 206 bas

	1	2	3	4	5	6	7	8	9	10	11	12	13	14
A														
B					■									
C	■								■					■
D										■				
E	■			■				■			■			
F								■						
G														

HORIZONTALEMENT

A. Comment !?! - **B.** Qualité. - Désirables. - **C.** Mayas la veille. - Corrigé. - **D.** Quoi, déjà ? - Dans quel état ! - **E.** Oh ! - Bouts en train. - Fils de butte. - À votre santé ! - **F.** Miction un pot cible. - Troublas. - **G.** Non !?!

VERTICALEMENT

1. Part de camembert. - Auto. - **2.** Capitale en l'état. - **3.** Attila des temps modernes. - **4.** Là où se promènent les Anglais. - Bis repetita. - **5.** Fleur qui se métamorphose dans les cieux. - **6.** Seraient gentils s'ils se rangeaient. - **7.** En péninsule. - Évite le tour de rein. - **8.** Beignet. - **9.** Manque de pot. - Championnat sportif. - **10.** Morceau de cuir. - Bout de bois. - **11.** Vieil orateur. - Pronom. - **12.** Favorable au développement du râble. - **13.** Mystifiât. - **14.** Deux sur quatre. - L'araignée s'y suspend.

	1	2	3	4	5	6	7	8	9	10	11	12	13	14
A														
B			■											
C														
D					■				■					
E			■			■					■			
F														■
G					■						■			

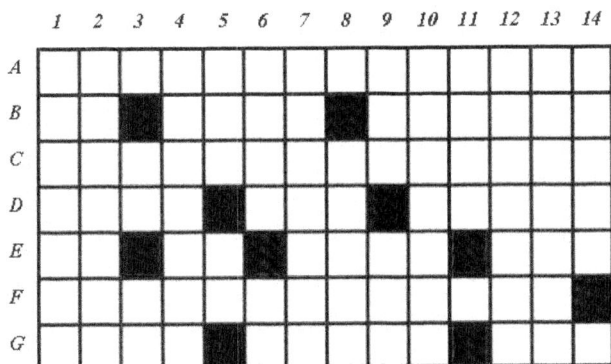

Indices p. 155 haut - Solution p. 207 haut

HORIZONTALEMENT

A. Arrêt au page. (2 mots) - **B.** Le massif des écrins. - Tire les marrons du feu. - Morceau de bois. - **C.** Là freinent célérité. - **D.** Il u pu rugir. - Boîte de cancer. - Difficultés de paiement en Italie. - **E.** Un p'tit coin d'parapluie... - Tête de Maure. - Chemine à l'envers. - Touche les courbes. - **F.** Colosse de robe. (mot composé) - **G.** Porte atlas. - Conduits. - Grecque.

VERTICALEMENT

1. L'arène morte. - **2.** Peut péter. - **3.** Légendaire avec sa corne. - Bien sous tout rapport. - **4.** Souffre le chaud et le froid. - **5.** Un peu d'attention s'il vous plaît ! - Unité de mesure variable. - **6.** Glaçant tain. - Unité de mesure. - **7.** C'est la galère ! - **8.** Le cousin de rameau. - **9.** No problemo ! - Fait surface. - **10.** Nulles et non avenues. - **11.** De 75 en 14. - **12.** Camail qui m'aille. - **13.** Ne laisserait pas indifférent - **14.** Mal léché.

Indices p. 155 bas - Solution p. 207 bas

	1	2	3	4	5	6	7	8	9	10	11	12	13	14
A														
B						■								
C			■			■					■			
D													■	
E					■									■
F			■								■			
G														

HORIZONTALEMENT

A. Distinguées dans les lettres. - **B.** Repère temporel. - Investis. - **C.** Article en réclame. - Avait le goût du secret. - Une grande du cinéma. - A de la classe mais manque de moyens. - **D.** Un endroit où crécher. - Mal polie. - **E.** Livra passage. - Calibrez mal. - **F.** Une restauration rapide qui a du chien. - Machina sous cape. - On a le droit de le doubler quand on fait la queue. - **G.** Arrêt au page.

VERTICALEMENT

1. Tirée par les chevaux. - **2.** Marque de triomphe. - **3.** Marque de caractère. - Se fondent attendre. - **4.** Ne tint pas compte. - **5.** Le lait a tourné. - Pour commencer à mettre de l'ordre. - **6.** On évite ses excès. - **7.** En cours de repas. - Le dernier est à la page. - **8.** Un poids pour la balance. - **9.** Forçat de constant thé. - **10.** On se passerait de son avis. - **11.** Un peu petit. - Blanche et rouge en neige. - **12.** Pavillon de réception. - **13.** Le chinchilla à sa mémère. - Détendu. - **14.** Sacrée montagne. - C'est cas do.

	1	2	3	4	5	6	7	8	9	10	11	12	13	14	15
A															
B					■			■						■	
C		■									■				
D								■		■					
E				■			■						■		
F															
G							■			■					

Indices p. 156 haut - Solution p. 208 haut

HORIZONTALEMENT

A. Mon dessin, Michel. (2 mots) - **B.** Opéra ou assista - Pièces de la maison. - Bonne à tromper. - **C.** Raccord. - Dirige la colo n'importe comment. - **D.** Se sont faites Évin -cer. - Philosophe. - **E.** Copains dans l'œil. - Dans les couleurs. - Est ravi sans l'être. - Paire Noël. - **F.** Citation un peu bonhomme, qui pousse à la boisson. (3 mots) - **G.** Villégiature saisonnière. - On lui confie nos fillettes. - Arrêt.

VERTICALEMENT

1. Le quatorzième a fait date. - **2.** Pré-histoire. - Canidés. - **3.** Associé. - **4.** Dépositaire des yeux d'Argos. - Rondelle de citron. - **5.** C'est mal vendu. - **6.** Faut filets. - **7.** On les garde par affection. - **8.** Fait ceinture. - **9.** Porte maillot. - **10.** Demi potion. - Notation en marge. - **11.** Grecque ou romains. - Avoués au tribunal. - **12.** - Flânent. - **13.** Fait le pont au pied de la dame de fer. - Che ou val. - **14.** Raté. - **15.** Gardien de la paie.

Indices p. 156 bas - Solution p. 208 bas

	1	2	3	4	5	6	7	8	9	10	11	12	13	14	15
A															
B							■		■			■			
C			■					■							
D					■							■		■	
E						■	■		■			■	■		■
F															
G															

HORIZONTALEMENT

A. On est souvent agité avant de s'en servir. - **B.** Suite logique. - La grand-mère de Goscinny. - Traduit la perplexité. - **C.** 55. - Tourné vers le passé. - Perte. - **D.** Sème. - C'est pas grave. - Bien informés. - **E.** Agit, en principe. - Quartier d'Oslo. - **F.** Dé-Marat. (2 mots) - **G.** Font la peau.

VERTICALEMENT

1. Couvre-chef. - **2.** S'aborde difficilement. - **3.** Morceau de pain. - En retard. - **4.** Tournera. - **5.** Part de quenelle. - Un léger flottement. - **6.** Haie étêtée. - Guère de trois. - **7.** Métal. - Laissées par le typhon. - **8.** Un peu malade. - À point pour l'enfer. - **9.** Fleuve. - L'arrêt des fesses. - **10.** Ingéra. - **11.** Dans un éclat. - **12.** Un peu peur - Montre du mépris quand sa cane s'accroche à lui. - **13.** Sont venus après le travail. - Peut faire sa crise. - **14.** Vient après en marchant de travers. - Le temps de la révolution. - **15.** Font vinaigre.

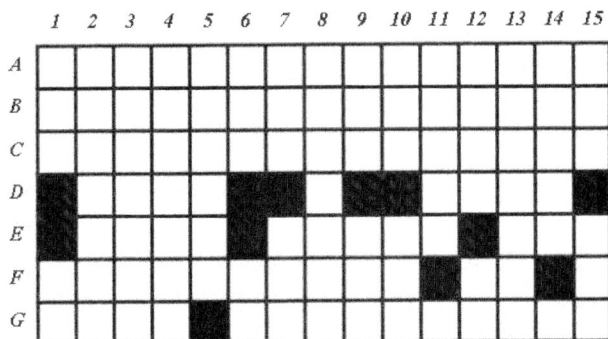

Indices p. 157 haut - Solution p. 209 haut

	1	2	3	4	5	6	7	8	9	10	11	12	13	14	15
A															
B															
C															
D	■					■			■						■
E		■					■					■			
F											■			■	
G					■										

HORIZONTALEMENT

A. Un an foiré. (2 mots) - **B.** Hauts les corps. - **C.** Calculatrices. (mot composé) - **D.** Passera du bon temps. - Pesa en s'emballant. - **E.** Part Terre. - Agréable - Droit de sortie. - **F.** Fut général à Alger. - Est d'équerre. - **G.** Noire à ne pas mettre en musique. - N'ont pas été testés.

VERTICALEMENT

1. Trois lettres au hasard. - Arrondit les angles. - **2.** Mat. - **3.** Est à l'aise mais n'a pas d'argent de poche. - **4.** Favorise le contact. - **5.** Malmenées dans le ressac. - **6.** Grande école. - Interjection. - **7.** Cap. - En fonction d'un rapport. - **8.** Se déplace en banc. - **9.** Impur. - Met de l'ordre sur les courts. - **10.** Fait cesser le travail. - Squatteur solitaire. - **11.** Niaise. - **12.** Renverse le couvert. - Caché. - **13.** Complètement vrillée. - **14.** Droit d'entrer. - **15.** Au nom de tous les saints. - On en fit tout un plat.

Indices p. 157 bas - Solution p. 209 bas

	1	2	3	4	5	6	7	8	9	10	11	12	13	14	15
A															
B					■			■						■	
C												■			
D		■		■				■							
E															
F							■					■			
G															

HORIZONTALEMENT

A. Ordure ménagère. (2 mots) - **B.** À jeter, même neuf. - Prestation dont on aimerait se passer. - On n'en voit pas le bout. - **C.** Ne manque pas d'air. - C'est devenu la norme. - **D.** Manque de tendresse quand il est grand. - Mines. - **E.** Tirés par l'écheveau. - **F.** Garde feu. - Sortie. - Associé à un acquiescement russe, c'est du yaourt... - **G.** Indispensable au hammam. (mot composé)

VERTICALEMENT

1. Elle s'aime en slip. - **2.** Par ici la monnaie. - Provoque un changement d'état. - **3.** Sévillan dans un sale état. - **4.** Métal. - À la source d'une rivière. - **5.** Sorti de Polynésie. - **6.** Ici a mine nada. - **7.** Va finir par enflammer l'os. - **8.** Fait sa fête au travail. - Peut consoler. - **9.** Peut être approuvée. - **10.** Partie en Coran. - **11.** De quoi se retourner dans sa tombe. - **12.** Un peu moins de bruit ! - Un enfant parti en courant. - **13.** Une baguette à sa dernière extrémité. - **14.** Signature. - **15.** Sacrifiée à la faim des haricots.

Indices p. 158 haut - Solution p. 210 haut

	1	2	3	4	5	6	7	8	9	10	11	12	13	14	15	16
A																
B		■		■			■				■			■		
C																
D																
E		■		■					■			■				
F					■				■							

HORIZONTALEMENT

A. Par ici, là, mon nez. (3 mots) - **B.** En urgence. - Préjudice. - Au fond du trou. - À l'extrémité d'un mur. - **C.** Ce n'est pas la peine d'y demander la carte. (2 mots) - **D.** Ne s'est pas battu à plate couture. (3 mots) - **E.** Maladie de la rétine. - Réduite en particules alimentaires. - **F.** Évalua. - C'est le moment de foncer ! - Stockés.

VERTICALEMENT

1. Croque d'un seul coup. - **2.** Permettent de foncer - **3.** A des mots quand il est petit. - **4.** Indique la matière. - **5.** Agent de change. - **6.** Partie d'un tout. - **7.** Range en commençant par la fin. - **8.** Privilégie le potage. - **9.** As de trèfle. - **10.** Ne peut rien recevoir. - **11.** Quartier d'Anderlecht. - **12.** On s'y rend dans le besoin. - **13.** Désaccord mineur. - **14.** On a toujours tort d'y mettre le doigt. - **15.** Plante vivace. - **16.** Font leur chemin avec hauteur de vues.

Indices p. 158 bas - Solution p. 210 bas

HORIZONTALEMENT

A. Les tridents d'la mer. (2 mots dont un composé) - **B.** Caprice de bébé. - Peut envoyer sur Saturne. - Se fait virer par manque de constance. - Queue de rat. - **C.** S'allonge facilement. (mot composé) - **D.** Éviterait de toucher le fond. - Tintin. - **E.** Cadeau de naissance. - Se les pèle. - **F.** Regarde passer l'étreint. (3 mots)

VERTICALEMENT

1. Laisse béton. - **2.** Vaut si bon. - **3.** Cale en cale. - **4.** Fibre de ver. - **5.** Comptât ses billes. - **6.** Produit du lait. - **7.** Divulgua (en rigolant bien). - **8.** Met les boules. - **9.** Traduit la surprise. - **10.** Pour faire simple. - **11.** Vieille peau. - Source de ragots. - **12.** Stationne. - **13.** Dominée par un bossu. - Se retrouve au tapis sans perdre la face. - **14.** En partie le fruit du pêché originel. - **15.** Langue peu parlée. - **16.** Vacherie bien sentie.

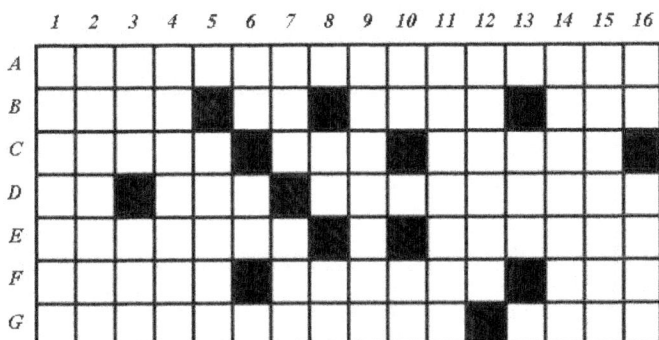

Indices p. 159 haut - Solution p. 211 haut

HORIZONTALEMENT

A. C'est à son terme qu'il fut déchu du voyage. (4 mots) - **B.** Quartier. - Au bout du bout. - Faim de non recevoir. - Rameau d'olivier. - **C.** Symbole étasunien. - Plutôt acide. - Drôle de trame. - **D.** Ça se respecte. - Tout en haut de l'arbre. - Les places y sont chères, peuchère ! - **E.** Tirades incompréhensibles. - Une grand-mère éparpillée. - **F.** Plaisanterie romaine. - Anémiés. - Genre musical. - **G.** Cherche la petite bête. - Jour spécial chez Tati.

VERTICALEMENT

1. Petit coin. (mot composé) - **2.** Le bourreau des légendes. - **3.** Spécialité londonienne. - Entre dans la composition du formica. - **4.** Bouillon de culture. - **5.** Élargit. - **6.** Morceau de tuyau. - À bout de course. - **7.** Pour l'indépendance. - Discipline de faire. - **8.** Un lieu et un horaire. - Se jette dans l'Oufa. - **9.** Nulle et non avenue. - **10.** En matinée. - Des origines à l'origine. - **11.** Fort minable. - **12.** Le potache est servi. - **13.** Pour l'indépendance. - **14.** Manifeste. - **15.** Fait partie. - **16.** Morceau de musique. - Naît dans les monts des Géants.

Indices p. 159 bas - Solution p. 211 bas

HORIZONTALEMENT

A. Drone de drame. (2 mots) - **B.** En pince pour les parchemins. - Ne manquait pas de charmes. - Prépara l'avenir. - **C.** On y trouve des hommes à cheval sur les principes. (4 mots) - **D.** Vendu. - Est mise en bocal. - Parties de ping-pong. - **E.** Plat ou plat. - Feuilleté et croustillant. - Fougueux magistère. - **F.** N'est pas chauvin.

VERTICALEMENT

1. Sans frais. - **2.** Laiteux. - **3.** Implique un intermédiaire. - **4.** Il y a anguille sous roche. - **5.** En Norvège. - **6.** Plaisir interdit. - **7.** Très noires. - **8.** Pratique mais pas toujours commode. - **9.** Marquai les bords. - **10.** Ferme à Venise. - **11.** Jardin avec un pommier et un péché. - **12.** Ne prit pas de gants. - **13.** Attelé n'importe comment. - **14.** Perturbé. - Pourrait faire rire. - **15.** Te soumis. - **16.** Maria. - **17.** Mate à mort.

INDICES

Vous pouvez fabriquer un cache en découpant un quart de feuille de papier 24 x 19 cm.

En le tournant de façon adéquate vous pourrez ainsi occulter les 3 autres dessins lorsque vous voudrez consulter celui correspondant à votre grille en cours.

1

2

5

6

7

8

9

10

13

14

17

18

21

22

29

30

124

33

34

37

38

41

42

45

46

49

50

53

54

57

58

61

62

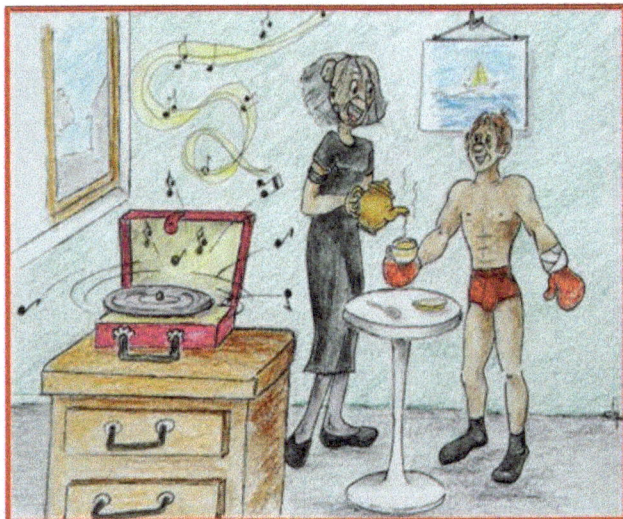

65

66

69

70

79

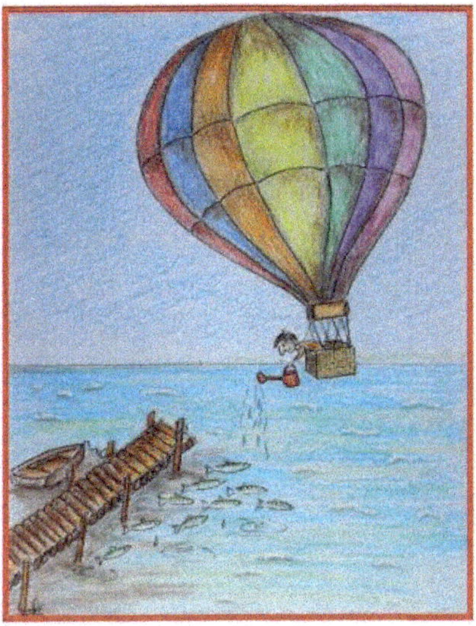

80

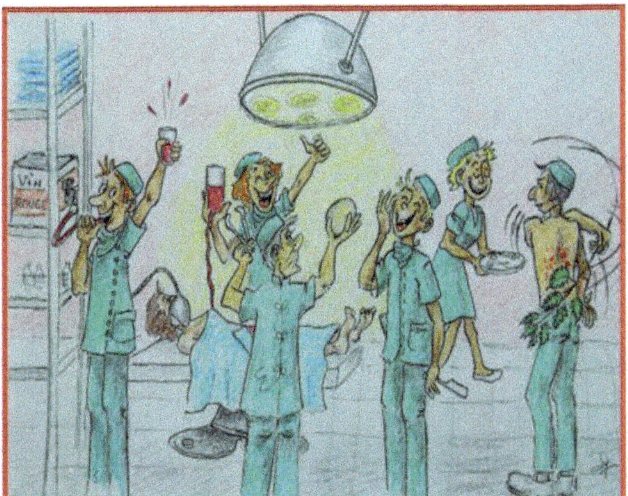

85

86

89

90

93

94

SOLUTIONS

Vous pouvez fabriquer un cache en découpant un quart de feuille de papier 24 x 19 cm.

En le tournant de façon adéquate vous pourrez occulter les 3 autres grilles lorsque vous voudrez consulter la solution de la quatrième.

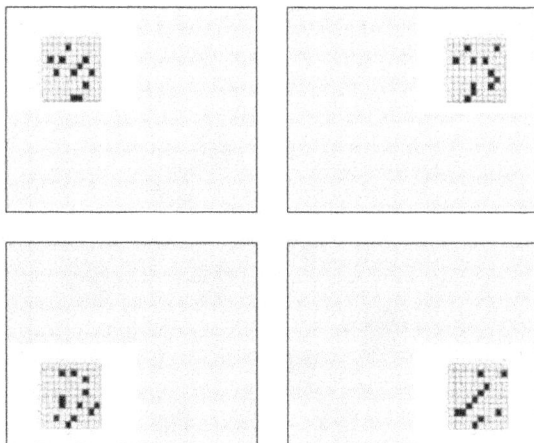

1

	1	2	3	4	5	6	7	8	9	10
A	C	R	A	Z	Y	H	O	R	S	E
B	A	N	T	I	A	E	R	I	E	N
C	T	■	E	G	O	■	E	C	I	V
D	A	B	■	Z	U	P	■	A	G	I
E	C	E	S	A	R	I	E	N	N	E
F	O	D	I	G	T	■	T	E	E	■
G	M	A	Q	U	I	S	■	R	U	T
H	B	I	■	A	E	D	E	■	R	E
I	E	N	C	I	R	E	■	V	I	L
J	S	E	C	T	E	■	N	U	E	E

2

	1	2	3	4	5	6	7	8	9	10
A	A	M	B	U	L	A	N	C	E	S
B	G	U	A	N	O	■	D	O	N	C
C	N	E	L	S	O	N	■	N	E	O
D	O	N	L	■	P	A	S	C	A	L
E	S	T	A	S	I	■	T	I	■	A
F	T	■	D	E	N	T	E	L	E	R
G	I	D	E	■	G	E	M	I	N	I
H	Q	I	■	S	■	T	■	E	O	S
I	U	T	O	P	I	E	S	■	E	E
J	E	S	P	A	D	R	I	L	L	E

162

	1	2	3	4	5	6	7	8	9	10
A	M	A	G	I	C	I	E	N	N	E
B	A	L	E	V	I	N	■	O	I	L
C	C	C	N	■	S	F	■	M	C	A
D	C	O	O	P	T	A	T	I	O	N
E	H	O	C	H	E	M	E	N	T	S
F	A	L	I	■	■	A	T	A	■	■
G	B	I	D	O	N	N	A	T	E	S
H	E	S	E	■	E	T	R	I	P	E
I	E	M	■	S	U	E	D	O	I	S
J	S	E	■	I	F	S	■	N	A	U

	1	2	3	4	5	6	7	8	9	10
A	T	A	Q	U	I	N	E	R	I	E
B	A	M	U	S	E	U	R	■	N	U
C	P	U	I	O	N	S	■	I	T	R
D	I	L	■	N	I	■	T	O	U	A
E	S	E	Y	S	S	E	S	■	B	S
F	S	T	O	■	S	O	U	P	A	I
G	E	T	U	V	E	■	N	O	T	E
H	R	E	Y	■	I	R	A	■	I	N
I	I	■	O	B	■	A	M	B	O	N
J	E	T	U	I	S	■	I	N	N	E

5

	1	2	3	4	5	6	7	8	9	10
A	I	V	R	O	G	N	E	R	I	E
B	N	U	A	I	■	O	D	E	O	N
C	D	E	J	E	C	T	I	O	N	S
D	I	■	A	■	A	E	T	■	I	A
E	C	A	H	O	R	S	■	B	E	C
F	A	B	■	C	I	■	A	A	■	H
G	T	O	U	T	E	E	P	I	C	E
H	E	N	H	A	R	D	I	■	O	U
I	U	N	I	V	E	R	S	E	L	S
J	R	A	S	E	Z	■	■	U	S	E

6

	1	2	3	4	5	6	7	8	9	10
A	C	A	F	E	A	U	L	A	I	T
B	O	C	L	■	M	A	I	N	E	
C	C	H	A	T	A	I	N	■	S	N
D	H	E	M	O	R	R	A	G	I	E
E	E	M	B	R	Y	O	N	■	N	U
F	N	I	E	■	L	I	S	E	U	R
G	I	N	A	■	L	S	■	S	E	■
H	L	A	U	R	I	E	R	S	■	F
I	L	N	■	A	S	■	T	O	M	E
J	E	T	A	T	■	S	T	R	I	E

	1	2	3	4	5	6	7	8	9	10
A	C	O	L	E	O	P	T	E	R	E
B	A	M	I	■	L	O	U	P	■	N
C	C	O	M	M	E	R	C	I	A	L
D	H	■	P	U	■	C	■	A	L	U
E	E	P	I	T	H	E	L	I	U	M
F	C	E	D	I	L	L	E	■	N	I
G	A	P	I	Q	U	A	N	T	■	N
H	C	L	T	U	■	I	T	■	B	U
I	H	U	E	E	■	N	O	U	E	R
J	E	M	S	■	L	E	S	T	E	E

	1	2	3	4	5	6	7	8	9	10
A	P	H	A	C	O	C	H	E	R	E
B	R	E	V	I	T	■	I	C	E	■
C	O	L	I	G	A	R	C	H	I	E
D	T	I	R	A	G	E	■	E	T	N
E	E	C	O	L	E	■	I	L	E	S
F	C	E	N	E	■	A	D	O	R	E
G	T	S	S	■	R	U	I	N	E	R
H	I	■	■	N	I	X	O	N	■	R
I	O	T	I	E	Z	■	M	E	R	E
J	N	U	L	S	■	X	E	R	E	S

9

	1	2	3	4	5	6	7	8	9	10
A	E	M	B	O	N	P	O	I	N	T
B	P	A	R	C	I	M	O	N	I	E
C	O	I	S	E	A	U	■	T	O	L
D	U	T	■	A	I	■	Z	E	L	E
E	I	R	O	N	S	■	I	R	E	S
F	L	I	N	S	A	N	G	S	■	I
G	L	S	D	■	I	■	S	I	D	E
H	A	A	■	S	■	A	■	G	A	G
I	G	I	R	O	N	D	I	N	■	E
J	E	T	A	S	U	N	I	E	N	S

10

	1	2	3	4	5	6	7	8	9	10
A	A	L	B	A	N	A	I	S	E	S
B	Y	O	U	G	O	S	L	A	V	E
C	A	Y	■	I	N	■	E	N	I	C
D	T	A	S	■	C	B	■	A	N	E
E	O	L	I	P	H	A	N	T	■	S
F	L	E	■	R	A	T	I	O	N	S
G	L	■	R	E	L	I	E	R	A	I
H	A	G	I	T	A	■	T	I	T	O
I	H	A	R	E	N	G	■	U	T	N
J	S	I	E	S	T	E	■	M	E	S

	1	2	3	4	5	6	7	8	9	10
A	J	A	M	A	I	Q	U	A	I	N
B	A	X	■	O	N	U	■	B	O	A
C	R	A	B	■	D	A	R	S	E	S
D	R	I	R	E	■	D	A	T	■	I
E	E	■	I	N	E	R	T	I	E	L
F	T	I	N	T	O	U	I	N	■	L
G	I	O	■	R	■	P	E	E	S	A
H	E	N	C	A	S	E	R	N	E	R
I	R	■	S	■	I	D	■	T	P	D
J	E	P	A	U	L	E	J	E	T	E

	1	2	3	4	5	6	7	8	9	10
A	F	A	U	X	D	E	P	A	R	T
B	O	R	P	A	I	L	L	E	U	R
C	U	R	I	N	A	■	A	R	S	■
D	R	O	■	T	B	■	T	O	T	O
E	M	Y	T	H	O	L	O	G	I	E
F	I	O	■	I	L	■	N	A	N	■
G	L	■	R	E	I	N	■	R	E	G
H	I	V	E	■	S	A	P	E	■	O
I	O	U	A	T	E	N	T	■	M	U
J	N	E	I	G	E	O	T	A	I	T

13

	1	2	3	4	5	6	7	8	9	10
A	A	C	C	O	U	C	H	E	U	R
B	T	R	I	S	T	E	S	I	R	E
C	L	E	■	N	■	P	■	D	I	S
D	A	P	H	T	E	■	P	E	N	E
E	N	U	■	A	M	A	R	R	E	R
F	T	S	A	R	I	N	E	S	■	V
G	I	C	M	■	G	I	S	■	M	I
H	Q	U	I	P	R	O	Q	U	O	S
I	U	L	■	D	E	N	U	E	N	T
J	E	E	L	■	E	S	E	■	T	E

14

	1	2	3	4	5	6	7	8	9	10
A	A	B	S	T	I	N	E	N	C	E
B	R	E	F	E	R	E	N	D	U	M
C	M	G	■	A	L	M	A	■	B	B
D	E	A	U	■	A	I	■	M	A	O
E	E	I	S	E	N	S	T	E	I	N
F	R	E	■	T	D	■	A	R	T	P
G	O	M	O	■	A	A	■	C	■	O
H	U	E	■	B	I	G	O	U	D	I
I	G	N	O	U	S	■	C	R	A	N
J	E	T	A	G	E	A	I	E	N	T

	1	2	3	4	5	6	7	8	9	10
A	H	O	C	K	E	Y	E	U	S	E
B	A	I	L	■	N	■	C	L	A	M
C	B	L	A	C	K	B	O	U	L	E
D	I	■	M	O	I	■	E	■	U	T
E	T	R	E	K	K	E	U	S	E	■
F	A	■	R	E	I	T	R	E	■	U
G	C	H	A	R	N	I	E	R	E	S
H	L	U	■	I	A	R	■	R	M	I
I	E	G	R	E	N	E	R	A	I	T
J	S	O	U	S	T	R	A	I	R	E

	1	2	3	4	5	6	7	8	9	10
A	E	S	T	I	V	A	T	I	O	N
B	T	C	I	■	■	G	E	R	M	E
C	R	I	N	C	O	N	S	■	B	U
D	A	S	T	I	C	O	T	E	R	■
E	N	S	■	R	■	S	A	L	O	P
F	G	I	G	A	N	T	I	S	M	E
G	L	O	■	■	E	I	■	■	A	L
H	E	N	Q	U	I	Q	U	I	N	E
I	U	■	U	■	O	U	B	L	I	E
J	R	A	I	L	L	E	U	S	E	S

17

	1	2	3	4	5	6	7	8	9	10
A	A	Y	A	K	D	I	V	A	N	I
B	■	P	L	A	U	S	I	B	L	E
C	L	O	I	N	■	■	D	S	■	N
D	I	N	E	G	A	L	E	E	S	■
E	B	O	N	O	B	O	■	N	E	F
F	E	M	E	U	■	U	L	T	R	A
G	L	E	■	R	E	C	U	■	R	N
H	L	U	D	O	T	H	E	Q	U	E
I	E	T	A	U	■	A	■	I	R	E
J	R	E	N	S	E	I	G	N	E	S

18

	1	2	3	4	5	6	7	8	9	10
A	A	S	S	O	L	E	M	E	N	T
B	P	U	E	R	I	L	I	S	M	E
C	E	D	U	L	C	O	R	A	■	S
D	S	O	L	■	H	I	E	■	S	T
E	A	R	E	N	E	■	E	M	O	I
F	N	I	T	■	N	O	■	O	N	C
G	T	P	■	O	■	B	O	U	D	U
H	E	A	U	D	E	J	A	V	E	L
I	U	R	■	E	C	E	■	E	R	E
J	R	E	C	R	U	T	E	R	A	S

	1	2	3	4	5	6	7	8	9	10
A	C	A	S	S	E	A	U	T	O	S
B	A	S	P	I	R	A	T	I	O	N
C	T	H	E	R	E	■	I	L	■	O
D	A	R	R	O	S	E	■	T	U	B
E	C	A	M	P	I	N	G	■	N	I
F	O	M	I	■	P	O	R	C	I	N
G	M	■	C	■	E	■	A	R	V	A
H	B	A	I	L	L	O	N	N	E	R
I	E	R	D	R	E	■	D	A	R	D
J	S	T	E	M	■	M	E	S	S	E

	1	2	3	4	5	6	7	8	9	10
A	M	E	T	I	C	U	L	E	U	X
B	I	P	O	■	R	R	■	P	S	Y
C	C	A	U	D	I	L	L	O	■	L
D	R	I	R	E	S	■	A	U	T	O
E	O	R	N	A	■	B	■	V	A	P
F	B	■	A	L	M	A	N	A	C	H
G	I	U	G	■	■	Z	E	N	T	O
H	E	L	E	P	H	A	N	T	I	N
I	N	N	■	C	E	R	E	A	L	E
J	S	A	C	R	I	S	T	I	E	S

21

	1	2	3	4	5	6	7	8	9	10
A	M	E	Z	Z	A	N	I	N	E	S
B	A	V	O	Y	E	■	L	I	R	E
C	G	E	O	G	R	A	P	H	E	S
D	I	■	L	O	I	■	S	I	■	A
E	C	L	O	P	E	R	■	L	E	M
F	I	■	G	E	N	O	C	I	D	E
G	E	D	I	T	■	M	I	S	E	■
H	N	■	Q	A	T	■	E	T	N	A
I	N	O	U	L	E	T	■	E	T	C
J	E	P	E	E	■	A	I	S	E	E

22

	1	2	3	4	5	6	7	8	9	10
A	A	P	P	A	L	A	C	H	E	S
B	P	U	R	G	A	T	O	I	R	E
C	O	B	I	E	R	■	S	P	O	T
D	X	■	N	■	D	U	■	P	S	■
E	Y	E	T	I	■	S	T	O	■	D
F	O	U	A	N	A	N	I	C	H	E
G	M	E	N	D	I	E	R	A	I	S
H	E	■	I	U	L	E	■	M	H	E
I	N	O	E	■	E	■	E	P	A	R
J	E	C	R	A	S	E	M	E	N	T

23

	1	2	3	4	5	6	7	8	9	10
A	M	A	R	T	I	N	G	A	L	E
B	Y	O	U	R	T	E	■	G	A	G
C	T	R	A	I	E	■	T	R	I	E
D	H	T	■	G	■	C	R	E	N	E
E	O	E	S	O	P	H	A	G	E	■
F	M	S	O	N	■	E	V	A	S	E
G	A	■	S	E	C	R	E	T	■	B
H	N	E	■	L	■	E	R	I	G	E
I	I	S	O	L	E	■	S	O	I	N
J	E	T	■	E	T	R	E	N	N	E

24

	1	2	3	4	5	6	7	8	9	10
A	O	R	Y	C	T	E	R	O	P	E
B	P	E	■	O	B	S	E	D	E	S
C	I	N	D	U	■	P	■	E	R	S
D	N	O	E	L	■	R	D	■	I	I
E	I	M	P	E	R	I	E	U	S	E
F	A	■	E	V	I	N	■	O	S	U
G	T	I	N	R	■	G	O	G	O	■
H	R	A	D	I	O	A	C	T	I	F
I	E	U	■	N	I	L	■	E	R	E
J	S	Q	U	E	L	E	T	T	E	S

25

	1	2	3	4	5	6	7	8	9	10
A	P	A	R	A	B	E	L	L	U	M
B	Y	V	E	L	I	N	O	I	S	E
C	R	A	■	L	E	■	G	■	A	S
D	A	R	R	A	N	G	I	O	N	S
E	M	I	■	N	■	E	C	■	T	■
F	I	C	H	T	Y	O	I	D	E	S
G	D	I	E	■	■	L	E	U	■	U
H	A	E	R	O	C	O	L	I	E	S
I	L	U	B	I	E	■	L	T	U	H
J	E	X	E	M	P	T	E	■	X	I

26

	1	2	3	4	5	6	7	8	9	10
A	E	C	T	O	P	L	A	S	M	E
B	S	O	U	C	O	U	P	E	■	P
C	P	U	■	T	I	G	E	■	D	A
D	A	P	P	O	S	E	R	A	I	T
E	D	E	■	G	■	■	I	N	C	A
F	R	E	V	O	L	U	T	I	O	N
G	I	■	A	N	■	N	I	M	■	T
H	L	E	G	A	L	■	V	O	L	■
I	L	■	I	L	E	■	E	N	E	E
J	E	C	R	E	V	I	S	S	E	S

174

	1	2	3	4	5	6	7	8	9	10
A	B	E	G	A	I	E	M	E	N	T
B	I	L	L	U	S	I	O	N	■	R
C	L	O	I	R	■	N	U	I	R	E
D	L	■	S	A	C	S	■	G	E	S
E	E	M	S	■	A	T	O	M	E	S
F	B	I	E	L	L	E	■	E	X	E
G	A	R	M	E	■	I	F	■	A	R
H	U	■	E	■	P	N	E	U	M	O
I	D	O	N	N	E	■	V	■	E	N
J	E	S	T	U	R	G	E	O	N	S

	1	2	3	4	5	6	7	8	9	10
A	N	U	M	I	S	M	A	T	E	S
B	O	S	■	N	U	A	G	E	■	E
C	N	U	■	G	A	G	E	■	O	C
D	O	R	L	E	■	H	■	B	A	H
E	B	P	■	N	A	R	G	U	E	E
F	S	A	O	U	L	E	R	■	T	R
G	T	T	C	■	■	B	A	C	L	E
H	A	E	R	O	L	I	T	H	E	S
I	N	U	A	I	■	N	I	A	I	S
J	T	R	I	S	T	E	S	I	R	E

29

	1	2	3	4	5	6	7	8	9	10
A	C	A	R	A	B	I	N	A	D	E
B	O	M	B	R	A	G	E	■	E	■
C	U	P	■	A	■	N	I	Q	A	B
D	C	H	A	N	D	E	L	I	E	R
E	H	I	■	T	E	■	■	■	X	I
F	A	G	U	E	R	R	I	S	S	E
G	I	O	D	L	A	■	V	I	■	V
H	L	U	D	O	T	H	E	Q	U	E
I	L	R	■	I	E	■	C	■	F	T
J	A	I	G	R	E	D	O	U	C	E

30

	1	2	3	4	5	6	7	8	9	10
A	B	I	D	O	N	V	I	L	L	E
B	O	N	U	S	I	E	N	N	E	S
C	N	C	■	C	A	G	N	E	N	T
D	N	E	V	A	■	E	E	■	D	A
E	E	S	P	R	I	T	■	N	E	F
F	V	T	C	■	S	A	L	A	M	I
G	A	U	■	C	A	R	A	C	A	L
H	N	E	Y	A	■	I	■	R	I	A
I	N	U	■	G	O	E	L	A	N	D
J	E	X	T	E	R	N	A	S	S	E

176

	1	2	3	4	5	6	7	8	9	10
A	A	M	O	C	O	C	A	D	I	Z
B	N	A	M	I	B	I	E	N	N	E
C	G	N	O	M	O	N	■	S	E	L
D	I	D	■	E	L	Q	U	■	S	A
E	O	R	A	T	E	U	R	S	■	T
F	L	A	V	E	■	A	E	R	E	R
G	O	G	E	R	■	N	T	■	X	I
H	G	O	U	R	A	T	E	S	■	C
I	U	R	■	E	M	E	R	I	S	E
J	E	E	S	■	U	S	E	R	A	S

	1	2	3	4	5	6	7	8	9	10
A	L	A	B	Y	R	I	N	T	H	E
B	E	■	A	U	■	C	E	P	E	S
C	A	F	I	C	I	O	N	A	D	O
D	D	I	O	C	E	S	E	■	O	T
E	E	■	N	A	N	E	■	A	N	E
F	R	A	N	■	A	L	U	N	I	R
G	S	G	E	G	■	E	■	K	S	I
H	H	O	T	E	L	■	B	A	T	S
I	I	N	T	I	■	H	A	R	E	M
J	P	I	E	R	R	E	R	A	■	E

33

	1	2	3	4	5	6	7	8	9	10
A	H	E	P	T	A	P	T	L	O	N
B	Y	O	U	Y	O	U	■	U	R	U
C	P	S	■	P	R	E	S	E	N	T
D	O	I	R	O	T	■	U	S	E	R
E	C	N	E	M	I	D	E	■	S	I
F	R	E	V	E	T	U	■	A	■	M
G	I	■	E	T	E	■	P	U	C	E
H	S	A	U	R	■	B	E	T	O	N
I	I	N	S	E	M	I	N	E	N	T
J	E	R	E	S	I	P	E	L	E	S

34

	1	2	3	4	5	6	7	8	9	10
A	M	E	L	A	N	C	O	L	I	E
B	E	P	■	B	■	E	P	A	N	D
C	D	I	S	S	O	N	A	N	C	E
D	I	S	A	T	I	S	■	C	O	N
E	C	O	X	E	■	E	V	E	N	T
F	A	D	O	N	I	S	■	S	T	E
G	M	I	■	T	U	■	S	■	R	■
H	E	Q	U	I	T	A	T	I	O	N
I	N	U	■	O	■	B	A	C	L	E
J	T	E	I	N	T	U	R	I	E	R

	1	2	3	4	5	6	7	8	9	10
A	C	R	O	Q	U	E	M	O	R	T
B	O	F	F	U	S	Q	U	A	I	S
C	M	■	F	I	G	U	R	E	R	A
D	P	O	■	D	A	I	M	L	E	R
E	L	U	S	■	■	L	I	■	S	I
F	A	T	T	R	A	I	T	S	■	N
G	I	■	E	M	■	B	O	U	L	E
H	N	U	R	S	E	R	Y	■	O	■
I	T	R	E	N	T	E	E	T	U	N
J	E	L	O	Q	U	E	N	T	E	S

	1	2	3	4	5	6	7	8	9	10
A	D	E	S	P	E	R	A	D	O	S
B	E	X	O	R	C	I	S	A	I	T
C	F	A	■	I	L	■	I	■	S	R
D	A	L	E	X	A	N	D	R	I	E
E	I	T	E	■	T	A	R	I	F	S
F	T	A	■	D	■	V	■	G	■	S
G	I	N	A	C	T	I	V	E	R	A
H	S	T	R	A	N	G	U	L	A	S
I	T	E	T	■	U	U	■	L	M	■
J	E	S	S	U	I	E	M	A	I	N

37

	1	2	3	4	5	6	7	8	9	10
A	G	R	A	T	T	E	C	I	E	L
B	U	E	L	E	■	R	U	M	B	A
C	I	M	B	R	O	G	L	I	O	S
D	L	U	I	■	S	O	T	■	U	E
E	L	E	G	S	■	T	U	B	E	R
F	O	R	E	E	■	E	R	L	■	S
G	T	■	O	U	V	R	I	E	R	■
H	I	A	L	■	A	S	S	I	S	E
I	N	U	S	■	M	I	M	E	R	A
J	E	X	E	C	U	T	E	R	A	I

38

	1	2	3	4	5	6	7	8	9	10
A	Z	O	O	L	O	G	I	S	T	E
B	I	N	N	O	C	E	N	T	E	R
C	G	■	O	B	■	L	A	R	M	E
D	O	R	M	E	S	■	C	A	P	S
E	U	■	A	R	I	E	T	T	E	■
F	I	O	T	A	■	N	I	A	■	K
G	L	■	O	I	N	R	V	G	N	E
H	L	A	P	E	R	A	I	E	N	T
I	E	D	E	N	■	E	T	M	O	C
J	R	■	E	T	A	G	E	E	■	H

39

	1	2	3	4	5	6	7	8	9	10
A	A	B	S	T	I	N	E	N	C	E
B	M	E	D	I	C	A	T	I	O	N
C	B	A	N	N	I	R	I	O	N	S
D	I	N	■	■	B	R	E	L	E	E
E	A	T	P	■	A	E	R	E	■	M
F	N	■	E	S	S	E	■	S	E	B
G	C	A	N	E	■	S	B	■	X	L
H	E	U	S	R	M	■	O	L	C	E
I	U	N	I	V	E	R	S	E	L	■
J	R	E	F	E	R	E	N	D	U	M

40

	1	2	3	4	5	6	7	8	9	10
A	A	L	A	R	M	E	A	U	T	O
B	G	Y	P	A	E	T	E	■	A	I
C	N	N	■	N	L	■	D	I	R	E
D	O	X	Y	D	A	I	E	N	T	■
E	S	■	S	O	N	O	■	C	I	V
F	T	A	O	■	C	■	M	I	N	E
G	I	M	P	R	O	V	I	S	E	R
H	Q	U	E	L	L	E	■	E	R	S
I	U	I	T	■	I	M	A	N	A	T
J	E	S	■	D	E	S	■	T	I	E

41

	1	2	3	4	5	6	7	8	9	10	11
A	G	Y	N	E	C	O	L	O	G	U	E
B	O	■	A	P	A	T	A	M	E	■	L
C	D	■	T	I	T	I	■	■	I	L	L
D	E	M	U	L	A	T	I	O	N	■	E
E	M	I	R	A	M	E	S	■	D	O	S
F	I	M	I	T	A	■	O	U	R	■	M
G	C	A	S	I	R	E	■	R	E	N	E
H	H	■	T	O	A	S	T	■	■	O	R
I	E	■	E	N	N	E	A	G	O	N	E

42

	1	2	3	4	5	6	7	8	9	10	11
A	P	O	I	V	R	E	E	T	S	E	L
B	S	T	R	I	A	■	T	A	I	R	A
C	A	R	R	A	I	S	O	N	N	E	R
D	L	I	E	G	E	O	I	S	E	■	G
E	M	■	E	R	■	F	L	A	C	H	E
F	O	■	L	A	M	A	■	D	U	O	S
G	D	O	L	■	U	S	A	■	R	I	S
H	I	R	E	N	E	■	G	U	E	R	E
I	E	S	S	A	R	T	A	I	S	■	S

	1	2	3	4	5	6	7	8	9	10	11
A	C	A	R	A	M	B	O	L	A	G	E
B	H	N	■	O	U	I	D	I	R	E	■
C	A	H	■	U	N	E	■	N	U	■	O
D	L	I	F	T	I	N	G	■	M	B	K
E	U	D	R	■	S	■	L	A	■	U	■
F	T	R	A	N	S	P	A	R	E	N	T
G	I	O	N	■	A	I	N	E	S	S	E
H	E	S	C	R	I	M	E	U	S	E	S
I	R	E	S	I	S	T	E	R	E	N	T

	1	2	3	4	5	6	7	8	9	10	11
A	P	O	N	T	D	E	S	I	N	G	E
B	S	O	Y	E	U	X	■	S	E	U	L
C	Y	■	C	■	H	O	B	B	I	E	S
D	C	O	T	E	E	■	S	A	M	U	■
E	H	E	A	U	M	E	■	■	E	S	O
F	O	S	L	O	■	S	C	E	N	E	S
G	S	T	O	C	K	S	■	■	G	R	E
H	E	R	P	E	T	O	L	O	G	I	E
I	S	E	E	S	■	R	E	C	U	E	S

45

	1	2	3	4	5	6	7	8	9	10	11
A	K	I	D	N	A	P	P	I	O	N	S
B	A	D	O	L	E	S	C	E	N	T	E
C	M	E	R	■	R	O	■	■	D	E	L
D	A	M	E	N	O	R	R	H	E	E	■
E	S	■	R	A	D	I	A	T	E	U	R
F	U	B	I	■	R	A	M	■	■	E	U
G	T	R	O	P	O	S	P	H	E	R	E
H	R	A	N	I	M	I	O	N	S	■	E
I	A	I	S	E	E	S	■	O	T	A	S

46

	1	2	3	4	5	6	7	8	9	10	11
A	P	E	A	U	D	O	R	A	N	G	E
B	E	D	I	F	I	C	A	T	I	O	N
C	R	■	E	C	■	E	T	■	B	I	G
D	V	O	S	■	L	A	A	S	■	T	E
E	E	C	■	A	I	N	P	■	U	R	L
F	N	T	A	L	T	■	L	I	■	E	U
G	C	U	L	T	I	V	A	T	E	U	R
H	H	O	M	O	G	E	N	E	I	S	E
I	E	R	A	S	E	R	■	M	U	E	S

184

	1	2	3	4	5	6	7	8	9	10	11
A	P	O	N	T	D	E	S	I	N	G	E
B	U	R	■	A	U	C	H	■	I	U	T
C	B	E	L	L	E	H	E	L	E	N	E
D	L	I	C	I	T	E	■	■	S	I	R
E	I	L	■	S	T	L	A	O	■	T	N
F	C	L	A	M	I	O	N	S	■	E	I
G	I	E	■	A	S	N	I	E	R	E	S
H	T	R	E	N	T	N	E	R	E	■	E
I	E	S	T	■	E	E	R	A	F	F	E

	1	2	3	4	5	6	7	8	9	10	11
A	M	A	R	I	V	I	O	L	E	N	T
B	E	F	F	R	O	N	T	E	R	I	E
C	Z	■	■	I	■	D	I	V	■	Q	L
D	Z	Y	G	O	M	A	T	I	Q	U	E
E	A	A	■	N	O	T	E	■	U	E	M
F	V	O	U	S	■	A	S	S	I	S	E
G	O	U	S	■	D	B	■	A	L	■	T
H	C	R	A	P	U	L	E	■	L	C	R
I	E	T	I	N	C	E	L	L	E	■	E

49

	1	2	3	4	5	6	7	8	9	10	11
A	M	A	N	I	F	E	S	T	A	N	T
B	A	■	A	N	O	■	E	U	R	O	S
C	L	A	B	O	R	A	N	T	I	N	E
D	C	D	O	■	L	I	N	■	D	E	■
E	H	I	T	P	A	R	A	D	E	■	B
F	A	P	■	R	N	■	■	O	■	L	E
G	N	E	G	O	C	I	A	T	E	U	R
H	C	U	I	T	E	■	S	A	P	I	N
I	E	X	T	E	R	N	A	L	I	S	E

50

	1	2	3	4	5	6	7	8	9	10	11
A	P	E	T	E	R	O	T	O	O	L	E
B	A	■	A	■	V	E	R	■	■	U	R
C	L	A	X	E	■	S	A	G	A	■	N
D	E	X	I	L	E	N	C	O	R	S	E
E	C	O	N	F	O	R	T	A	B	L	E
F	O	L	O	■	■	R	E	L	U	I	■
G	P	O	M	M	E	■	R	■	S	C	I
H	I	T	I	N	E	R	A	N	T	E	S
I	E	L	E	C	T	R	I	S	E	■	O

51

	1	2	3	4	5	6	7	8	9	10	11
A	C	H	O	I	R	■	R	■	B	A	R
B	H	E	N	D	E	C	A	G	O	N	E
C	A	R	A	I	G	N	E	E	S	■	V
D	P	I	N	■	I	R	L	A	N	D	E
E	E	T	I	R	E	S	■	N	I	E	R
F	A	I	S	E	S	■	S	T	A	N	D
G	U	E	T	M	■	I	I	■	Q	U	I
H	T	R	E	U	I	L	S	■	U	D	E
I	A	S	S	A	S	S	I	N	E	E	S

52

	1	2	3	4	5	6	7	8	9	10	11
A	A	D	O	L	E	S	C	E	N	T	E
B	S	E	P	A	R	E	R	■	E	O	■
C	T	Y	P	O	G	R	A	P	H	I	E
D	R	■	R	■	O	R	N	E	R	■	T
E	O	B	I	■	T	E	E	■	U	V	E
F	N	I	M	B	E	■	M	A	■	I	N
G	O	D	E	U	R	D	E	P	I	E	D
H	M	O	N	T	E	E	N	L	A	I	R
I	E	N	T	E	Z	■	T	■	M	L	A

187

53

	1	2	3	4	5	6	7	8	9	10	11
A	L	I	G	N	E	D	R	O	I	T	E
B	A	G	R	I	C	U	L	T	E	U	R
C	J	U	I	L	L	E	T	I	S	T	E
D	O	A	S	■	A	■	■	S	U	E	■
E	C	N	E	M	I	D	E	■	S	U	S
F	O	O	■	A	R	A	■	C	E	R	F
G	N	D	U	J	A	■	L	I	■	A	L
H	D	O	■	■	O	G	E	■	N	A	G	E
I	E	N	U	R	E	T	I	Q	U	E	S

54

	1	2	3	4	5	6	7	8	9	10	11
A	P	O	I	S	S	O	N	N	I	E	R
B	E	C	U	S	■	H	■	U	■	V	U
C	R	T	L	■	A	M	O	L	L	I	T
D	V	O	E	U	X	■	V	■	E	T	■
E	E	G	■	N	E	O	N	A	T	A	L
F	N	O	U	E	R	A	I	S	■	I	O
G	C	N	N	■	A	S	■	P	R	E	T
H	H	A	I	T	I	■	L	I	A	N	T
I	E	L	E	C	T	R	I	C	I	T	E

	1	2	3	4	5	6	7	8	9	10	11
A	P	O	R	T	E	A	V	I	O	N	S
B	A	P	E	R	C	U	■	D	R	U	E
C	R	E	P	O	U	S	S	E	■	S	R
D	C	R	O	I	S	S	A	N	T	■	R
E	M	E	S	S	■	I	N	T	U	B	E
F	E	R	E	■	P	■	T	I	B	R	E
G	T	E	R	M	E	■	E	T	A	I	■
H	R	N	■	O	U	I	■	E	I	M	A
I	E	T	O	U	R	D	I	S	S	E	S

	1	2	3	4	5	6	7	8	9	10	11
A	E	M	I	L	Z	A	T	O	P	E	K
B	U	E	■	A	I	N	E	■	L	O	H
C	S	T	■	O	R	T	■	A	E	R	A
D	T	A	S	■	C	I	E	U	X	■	G
E	A	P	P	R	O	B	A	T	I	O	N
F	C	H	R	O	N	O	L	O	G	I	E
G	H	O	U	■	I	I	■	B	L	E	U
H	E	R	■	M	U	S	Q	U	A	■	S
I	S	E	R	U	M	■	I	S	S	U	E

	1	2	3	4	5	6	7	8	9	10	11
A	T	U	E	U	R	A	G	A	G	E	S
B	A	S	S	O	I	R	E	Z	■	T	U
C	R	T	T	■	T	A	L	U	R	E	S
D	T	E	E	N	A	G	E	R	■	T	U
E	E	N	■	C	L	O	S	■	C	A	R
F	M	S	M	■	E	N	■	O	H	■	R
G	P	I	A	F	■	■	A	D	A	G	E
H	I	L	L	U	M	I	N	E	R	■	R
I	O	E	I	L	L	E	T	O	N	S	■
J	N	S	■	L	I	■	I	N	U	I	T

	1	2	3	4	5	6	7	8	9	10	11
A	F	O	R	N	I	C	A	T	I	O	N
B	R	E	V	E	I	L	L	O	N	N	A
C	U	S	■	U	■	E	C	O	R	C	E
D	C	T	■	R	E	S	O	N	I	T	V
E	T	R	I	O	S	■	O	S	■	U	U
F	I	E	■	L	E	E	L	■	S	O	S
G	V	■	D	O	■	T	I	T	U	S	■
H	O	M	E	G	A	■	Q	U	A	I	S
I	R	E	C	U	L	■	U	S	I	T	E
J	E	C	O	E	U	R	E	■	T	E	L

59

	1	2	3	4	5	6	7	8	9	10	11
A	V	E	T	E	R	I	N	A	I	R	E
B	I	M	A	M	■	M	U	M	■	U	N
C	E	S	Q	U	I	M	A	U	X	■	L
D	I	■	U	S	I	O	N	S	■	A	U
E	L	C	I	■	■	B	C	E	■	C	M
F	L	A	N	G	U	I	E	■	P	E	I
G	E	V	E	I	L	L	E	R	A	■	N
H	S	E	R	R	A	I	■	A	R	D	U
I	S	■	I	A	R	E	T	■	O	U	R
J	E	L	E	C	T	R	I	C	I	T	E

60

	1	2	3	4	5	6	7	8	9	10	11
A	T	A	P	I	S	V	O	L	A	N	T
B	E	N	E	R	V	E	M	E	N	T	S
C	N	I	R	■	E	L	E	V	E	■	U
D	D	E	C	A	L	E	R	A	■	O	N
E	R	■	H	I	T	■	T	I	G	R	A
F	E	G	A	L	E	R	A	■	I	A	M
G	M	A	I	E	S	■	■	I	R	N	I
H	E	L	E	■	S	T	A	L	A	G	S
I	N	O	N	C	E	■	L	O	F	E	■
J	T	N	T	■	S	U	I	T	E	E	S

61

	1	2	3	4	5	6	7	8	9	10	11
A	P	R	A	T	I	Q	U	A	N	T	E
B	R	E	C	I	D	I	V	I	O	N	S
C	E	M	E	T	I	N	E	S	■	T	C
D	S	I	■	U	■	■	I	S	O	■	H
E	E	X	P	L	O	I	T	E	U	S	E
F	R	E	G	A	L	■	E	L	I	E	R
G	V	■	H	R	P	■	S	L	E	X	A
H	A	R	M	I	E	Z	■	E	■	S	■
I	T	A	■	S	■	E	■	S	O	H	O
J	I	M	B	E	R	B	E	■	M	O	T
K	F	A	I	R	E	U	N	T	O	P	O

62

	1	2	3	4	5	6	7	8	9	10	11
A	P	R	O	C	T	O	L	O	G	U	E
B	R	A	J	A	H	■	A	S	A	■	R
C	O	■	■	L	E	O	P	A	R	D	E
D	H	E	M	O	R	R	O	I	D	E	S
E	I	P	■	S	M	■	N	■	E	T	■
F	B	I	O	■	O	E	■	M	■	O	B
G	I	N	S	O	M	N	I	A	Q	U	E
H	T	E	M	P	E	R	A	T	U	R	E
I	I	S	O	S	T	A	S	I	E	■	R
J	O	■	S	U	R	C	O	N	T	R	E
K	N	U	E	■	E	R	N	E	E	■	Z

63

	1	2	3	4	5	6	7	8	9	10	11	12
A	V	E	U	V	E	P	O	I	G	N	E	T
B	I	M	B	I	B	E	R	■	I	■	A	H
C	T	O	U	R	N	E	D	I	S	Q	U	E
D	E	T	■	E	E	P	■	J	E	U	D	I
E	S	I	S	■	R	S	■	E	M	I	E	E
F	S	F	L	I	■	H	A	■	E	■	M	R
G	E	■	I	N	N	O	C	E	N	T	E	E
H	S	U	P	E	R	W	E	L	T	E	R	S

64

	1	2	3	4	5	6	7	8	9	10	11	12
A	O	P	P	O	R	T	U	N	I	S	T	E
B	R	A	D	I	O	C	R	O	C	H	E	T
C	A	Y	■	E	U	H	■	N	I	O	L	E
D	T	A	G	■	F	A	D	E	■	W	■	■
E	E	T	R	E	■	D	J	■	H	■	R	V
F	U	■	E	I	M	■	I	R	O	N	I	E
G	R	O	N	R	O	N	N	E	M	E	N	T
H	S	O	U	T	I	E	N	G	O	R	G	E

65

	1	2	3	4	5	6	7	8	9	10	11	12
A	S	T	O	M	A	T	O	L	O	G	U	E
B	P	E	T	I	T	V	I	C	I	E	U	X
C	O	■	A	N	■	■	R	O	S	I	■	I
D	U	K	R	A	I	N	E	■	E	G	A	L
E	T	■	I	R	R	A	D	I	A	N	T	E
F	N	I	E	E	■	U	■	R	U	A	■	R
G	I	D	■	T	A	R	D	E	■	R	I	A
H	K	I	O	S	Q	U	E	■	A	D	O	S

66

	1	2	3	4	5	6	7	8	9	10	11	12
A	S	I	G	M	U	N	D	F	R	E	U	D
B	A	D	O	U	B	E	R	■	E	M	E	U
C	N	E	■	O	U	■	O	G	I	E	R	■
D	C	A	N	N	E	B	L	A	N	C	H	E
E	E	L	U	S	S	I	E	Z	■	H	E	P
F	R	■	A	■	Q	■	S	■	L	E	■	I
G	R	E	N	O	U	A	S	S	E	■	R	E
H	E	N	T	R	E	M	E	T	T	E	U	R

	1	2	3	4	5	6	7	8	9	10	11	12
A	P	O	R	N	O	G	R	A	P	H	I	E
B	A	B	O	U	T	I	S	S	A	N	T	S
C	R	E	■	I	■	T	A	Q	U	E	E	S
D	T	I	E	R	C	E	■	U	V	■	R	U
E	O	R	T	I	E	■	G	E	R	B	A	I
F	U	A	A	E	■	A	A	■	E	R	S	E
G	Z	I	G	Z	A	G	U	A	T	E	S	■
H	E	T	E	■	G	A	R	D	E	F	E	U

	1	2	3	4	5	6	7	8	9	10	11	12
A	S	A	I	N	T	E	X	U	P	E	R	Y
B	H	U	M	■	R	■	I	N	■	C	A	S
C	O	T	I	R	I	R	■	■	T	O	C	■
D	P	A	T	E	S	D	E	S	A	B	L	E
E	P	R	A	G	M	A	T	I	Q	U	E	S
F	I	C	I	■	E	■	A	S	■	A	■	C
G	N	I	■	D	■	S	U	A	I	■	O	H
H	G	E	R	O	N	T	O	L	O	G	U	E

69

	1	2	3	4	5	6	7	8	9	10	11	12
A	A	C	C	E	L	E	R	A	T	I	O	N
B	S	O	U	D	A	N	■	F	O	R	C	A
C	S	U	B	S	I	D	I	A	I	R	E	S
D	A	R	A	■	■	O	■	■	T	E	L	S
E	S	T	I	P	U	L	E	R	■	E	L	E
F	S	I	N	U	S	O	I	D	A	L	E	■
G	I	N	E	N	A	R	R	A	B	L	E	S
H	N	E	■	I	T	I	E	■	T	E	S	T

70

	1	2	3	4	5	6	7	8	9	10	11	12
A	B	U	C	H	E	R	O	N	N	A	G	E
B	E	■	A	Y	■	E	■	Y	A	K	■	A
C	L	A	R	D	E	R	■	L	R	■	A	U
D	M	■	A	R	T	■	T	O	C	A	R	D
E	O	P	P	O	R	T	U	N	I	S	T	E
F	N	I	A	M	E	■	N	■	S	T	E	M
G	D	E	C	E	S	■	I	N	S	E	R	E
H	O	■	E	L	■	E	S	P	E	R	E	R

	1	2	3	4	5	6	7	8	9	10	11	12
A	A	P	P	E	S	A	N	T	I	R	E	Z
B	P	H	I	L	A	N	T	H	R	O	P	E
C	E	A	■	E	L	I	M	A	■	M	I	L
D	R	S	■	C	O	S	■	T	U	B	■	A
E	I	M	O	T	P	■	E	C	R	I	A	T
F	T	E	T	R	A	R	C	H	I	E	■	E
G	I	■	P	U	R	■	H	E	■	R	A	U
H	F	I	L	M	D	H	O	R	R	E	U	R

	1	2	3	4	5	6	7	8	9	10	11	12
A	B	O	U	T	E	E	N	T	R	A	I	N
B	A	R	B	U	S	T	E	■	N	I	■	E
C	S	■	I	E	■	I	G	N	O	R	E	Z
D	E	N	Q	U	I	Q	U	I	N	E	U	R
E	J	O	U	R	■	U	S	■	D	■	R	O
F	U	N	I	■	O	E	■	T	A	B	O	U
G	M	■	T	A	R	T	A	R	I	N	■	G
H	P	R	E	S	S	E	P	E	O	P	L	E

73

	1	2	3	4	5	6	7	8	9	10	11	12
A	C	H	I	R	U	R	G	I	E	N	N	E
B	R	I	O	■	R	■	N	L	■	E	O	■
C	O	R	N	I	T	H	O	L	O	G	U	E
D	Y	S	■	L	I	■	G	E	U	R	I	S
E	A	U	T	O	C	O	N	T	R	O	L	E
F	N	T	■	T	A	C	O	T	S	■	L	■
G	C	E	S	■	N	I	T	R	E	R	E	Z
H	E	■	N	A	T	T	E	E	■	E	S	N

74

	1	2	3	4	5	6	7	8	9	10	11	12
A	A	C	C	E	L	E	R	A	T	I	O	N
B	D	E	O	■	A	L	O	U	■	N	I	D
C	D	I	A	B	O	L	I	S	A	I	S	■
D	I	N	C	I	T	E	■	T	A	M	I	S
E	T	T	C	■	I	■	A	R	R	I	V	E
F	I	U	U	G	E	I	L	A	■	T	E	X
G	O	R	S	I	N	I	■	L	U	I	T	E
H	N	E	E	■	S	I	D	E	R	E	E	S

	1	2	3	4	5	6	7	8	9	10	11	12
A	C	O	C	A	I	N	O	M	A	N	I	E
B	L	I	B	E	R	A	L	I	S	O	N	S
C	A	L	■	R	A	P	I	N	A	I	■	T
D	U	■	S	O	■	P	■	E	■	E	S	■
E	S	T	A	G	I	A	I	R	I	S	E	R
F	T	R	I	A	■	■	E	V	■	■	I	O
G	R	O	N	R	O	N	N	E	M	E	N	T
H	A	T	T	E	R	R	I	S	S	A	G	E

	1	2	3	4	5	6	7	8	9	10	11	12
A	D	O	I	G	T	S	C	O	U	P	E	S
B	E	N	C	H	U	T	E	L	I	B	R	E
C	R	I	■	A	S	E	■	E	D	■	E	X
D	O	R	A	N	■	A	L	■	E	T	■	U
E	B	I	L	A	N	C	A	R	B	O	N	E
F	A	S	I	■	O	K	C	O	R	R	A	L
G	D	M	E	A	S	■	A	M	A	R	I	L
H	E	E	N	R	U	O	T	E	R	■	N	E

	1	2	3	4	5	6	7	8	9	10	11	12
A	R	O	M	A	N	E	E	C	O	N	T	I
B	I	M	A	M	■	N	■	A	R	■	U	N
C	C	O	R	■	I	C	O	N	E	S	■	C
D	O	P	T	A	■	R	■	I	I	■	G	E
E	C	L	I	G	N	E	■	C	L	A	I	N
F	H	A	N	■	E	P	A	U	L	A	R	D
G	E	T	I	A	G	E	■	L	E	■	O	I
H	T	E	S	T	O	S	T	E	R	O	N	E

	1	2	3	4	5	6	7	8	9	10	11	12
A	B	A	I	N	S	D	E	F	O	U	L	E
B	O	■	F	U	G	A	C	E	S	■	A	N
C	U	P	■	D	■	■	O	■	■	C	R	S
D	R	A	D	I	O	C	R	O	C	H	E	T
E	S	O	U	T	I	E	N	G	O	R	G	E
F	I	N	C	E	S	T	E	■	N	O	I	R
G	E	■	O	■	N	A	■	S	A	M	O	A
H	R	O	N	R	O	N	N	E	M	E	N	T

	1	2	3	4	5	6	7	8	9	10	11	12
A	M	O	N	T	G	O	L	F	I	E	R	E
B	A	N	■	A	S	P	E	R	S	O	I	R
C	Q	U	A	I	■	E	M	U	■	B	C	G
D	U	■	C	L	O	N	A	G	E	■	H	A
E	E	P	E	L	E	S	■	A	P	R	E	S
F	R	U	S	A	■	P	A	L	I	■	S	T
G	E	T	■	D	E	A	L	E	■	P	S	U
H	A	■	P	E	R	C	U	■	C	I	E	L
I	U	S	U	R	P	E	N	T	■	U	S	E

	1	2	3	4	5	6	7	8	9	10	11	12
A	A	C	C	O	U	C	H	E	M	E	N	T
B	M	U	E	R	■	A	E	R	A	S	S	E
C	O	B	S	T	E	T	R	I	C	I	E	N
D	R	I	A	I	T	■	M	E	■	P	■	D
E	C	■	R	E	A	L	E	■	O	■	T	U
F	E	P	I	S	I	O	T	O	M	I	E	■
G	■	T	E	■	■	F	I	E	■	V	T	T
H	C	O	N	F	I	S	Q	U	E	R	A	I
I	S	I	N	U	S	■	U	F	L	E	I	S
J	A	N	E	S	T	H	E	S	I	S	T	E

81

	1	2	3	4	5	6	7	8	9	10	11	12	13
A	J	A	M	E	L	D	E	B	B	O	U	Z	E
B	E	■	A	N	E	R	I	E	■	B	D	■	N
C	J	A	C	Q	U	E	S	C	H	I	R	A	C
D	U	N	A	U	■	S	■	A	I	■	■	L	L
E	N	■	D	E	S	S	E	R	V	I	R	A	I
F	U	S	A	T	■	A	■	R	E	C	O	I	N
G	M	E	M	E	R	I	S	E	R	I	O	N	S

82

	1	2	3	4	5	6	7	8	9	10	11	12	13
A	P	E	R	E	F	O	U	E	T	T	A	R	D
B	E	C	O	P	E	S	■	C	O	U	V	E	E
C	C	H	A	H	U	T	E	R	■	M	I	A	M
D	H	A	■	E	■	E	T	A	L	O	N	N	E
E	E	R	E	B	U	S	■	S	E	R	E	I	N
F	U	P	■	E	S	■	V	E	G	A	■	M	C
G	R	E	S	S	A	Y	E	E	■	L	I	E	E

	1	2	3	4	5	6	7	8	9	10	11	12	13
A	C	H	E	M	I	S	E	D	E	N	U	I	T
B	A	A	■	A	N	E	C	■	T	I	T	R	E
C	S	M	A	R	T	P	H	O	N	E	■	A	K
D	T	E	N	O	R	■	E	K	A	N	A	K	■
E	I	C	O	N	O	C	L	A	S	T	E	■	K
F	N	O	■	N	■	T	O	P	■	■	Y	A	K
G	G	N	I	A	N	G	N	I	A	N	■	U	K

	1	2	3	4	5	6	7	8	9	10	11	12	13
A	V	E	R	B	I	G	E	R	A	T	I	O	N
B	A	V	E	■	N	■	P	■	X	I	■	■	U
C	P	A	R	A	C	H	U	T	E	D	O	R	E
D	O	S	T	R	E	I	C	U	L	T	E	U	R
E	T	I	N	■	S	E	E	■	■	E	U	S	■
F	E	V	E	N	T	■	■	P	R	E	F	E	T
G	R	E	Z	D	E	C	H	A	U	S	S	E	E

85

	1	2	3	4	5	6	7	8	9	10	11	12	13
A	P	A	S	S	A	G	E	A	T	A	B	A	C
B	A	G	A	■	R	A	P	I	A	■	R	I	O
C	R	A	L	E	N	T	I	S	S	E	U	R	S
D	A	C	O	N	■	A	■	E	■	■	M	■	E
E	D	E	P	E	R	I	S	S	E	M	E	N	T
F	I	R	A	■	U	■	U	■	T	A	R	E	T
G	S	A	I	N	T	S	D	E	G	L	A	C	E

86

	1	2	3	4	5	6	7	8	9	10	11	12	13
A	F	A	I	R	E	S	A	V	A	L	I	S	E
B	A	B	R	A	C	A	D	A	B	R	A	N	T
C	S	A	M	B	A	■	D	■	C	■	■	A	R
D	C	T	■	O	B	L	I	G	E	A	N	C	E
E	I	T	O	U	■	I	T	■	S	O	U	K	S
F	S	O	I	G	N	A	I	S	■	C	A	B	■
G	T	I	E	R	C	I	O	N	S	■	G	A	I
H	E	R	S	I	■	S	N	I	F	F	E	R	A

	1	2	3	4	5	6	7	8	9	10	11	12	13
A	M	A	U	R	I	C	E	H	E	R	Z	O	G
B	E	R	R	E	U	R	■	E	U	E	■	T	A
C	L	C	■	S	■	E	T	R	I	P	A	I	T
D	C	H	A	S	S	E	A	C	O	U	R	R	E
E	H	O	M	O	S	E	X	U	A	L	I	T	E
F	I	N	■	R	■	■	E	L	Y	S	E	E	■
G	O	T	I	T	E	■	R	E	■	I	N	T	I
H	R	E	F	■	E	V	A	S	I	F	■	N	L

	1	2	3	4	5	6	7	8	9	10	11	12	13
A	S	A	C	R	I	F	I	C	A	T	E	U	R
B	I	C	I	■	N	I	D	■	R	E	P	L	I
C	S	C	A	R	I	F	I	C	A	T	E	U	R
D	M	I	O	■	T	R	O	U	■	O	R	L	E
E	I	D	■	P	I	E	T	E	■	N	V	E	■
F	Q	E	■	V	A	L	I	S	E	■	I	R	E
G	U	N	E	■	L	I	E	T	R	C	E	A	V
H	E	T	■	P	E	N	S	A	■	B	R	I	E

	1	2	3	4	5	6	7	8	9	10	11	12	13	14
A	M	U	L	T	I	P	L	I	C	A	T	I	O	N
B	A	■	E	V	■	R	I	■	A	I	O	L	I	■
C	J	S	U	■	K	U	K	L	U	X	K	L	A	N
D	O	H	■	M	O	R	E	A	U	■	A	■	C	A
E	N	O	T	A	■	I	R	I	S	E	R	O	N	S
F	G	O	U	L	A	G	■	T	R	O	E	N	E	S
G	S	T	A	T	I	O	N	S	E	R	V	I	C	E

	1	2	3	4	5	6	7	8	9	10	11	12	13	14
A	C	O	R	N	E	G	I	D	O	U	I	L	L	E
B	A	L	O	I	■	E	R	O	T	I	S	E	E	S
C	■	Y	U	C	A	T	A	N	■	R	E	V	U	■
D	A	M	N	E	S	I	Q	U	E	■	E	R	R	E
E	■	P	D	■	T	N	■	T	U	C	■	A	R	S
F	D	I	U	R	E	S	E	■	R	E	M	U	A	S
G	S	A	P	E	R	L	I	P	O	P	E	T	T	E

	1	2	3	4	5	6	7	8	9	10	11	12	13	14
A	C	O	I	T	I	N	T	E	R	R	O	M	P	U
B	O	R	■	H	O	I	R	■	A	U	B	O	U	R
C	R	A	L	E	N	T	I	S	S	E	U	S	E	S
D	R	G	I	R	■	A	R	C	■	L	S	E	R	I
E	I	E	■	M	A	■	E	I	A	L	■	T	A	N
F	D	U	P	O	N	D	M	O	R	E	T	T	I	■
G	A	X	I	S	■	M	E	N	E	S	■	E	T	A

	1	2	3	4	5	6	7	8	9	10	11	12	13	14
A	C	O	N	S	I	D	E	R	A	T	I	O	N	S
B	A	V	A	N	T	■	P	E	N	E	T	R	A	I
C	L	A	■	O	A	S	■	M	G	M	■	E	C	O
D	E	T	A	B	L	E	■	O	L	P	E	I	■	N
E	C	I	T	A	■	B	C	R	A	E	I	L	Z	■
F	H	O	T	■	O	U	R	D	I	T	■	L	E	U
G	E	N	D	O	R	M	I	S	S	E	M	E	N	T

	1	2	3	4	5	6	7	8	9	10	11	12	13	14	15
A	C	H	A	P	E	L	L	E	S	I	X	T	I	N	E
B	A	I	D	A	■	A	I	■	P	O	I	R	E	■	C
C	R	■	J	O	N	C	T	I	O	N	■	O	N	M	O
D	B	L	O	N	D	E	S	■	R	■	A	L	A	I	N
E	O	E	I	■	U	U	■	O	T	A	G	E	■	N	O
F	N	U	N	C	E	S	T	B	I	B	E	N	D	U	M
G	E	S	T	I	V	E	■	I	F	■	S	T	A	S	E

	1	2	3	4	5	6	7	8	9	10	11	12	13	14	15
A	T	R	A	N	Q	U	I	L	L	I	S	A	N	T	S
B	A	E	I	O	U	Y	■	A	■	M	A	■	E	U	H
C	L	V	■	R	E	A	C	■	A	M	N	E	S	I	E
D	P	E	R	D	■	S	U	R	A	I	G	U	■	S	R
E	A	C	T	I	F	■	■	O	■	S	L	■	A	■	R
F	C	H	A	R	L	O	T	T	E	C	O	R	D	A	Y
G	K	E	R	A	T	I	N	I	S	A	T	I	O	N	S

	1	2	3	4	5	6	7	8	9	10	11	12	13	14	15
A	A	N	N	U	S	H	O	R	R	I	B	I	L	I	S
B	S	O	U	B	R	E	S	A	U	T	E	R	E	N	T
C	A	I	D	E	S	C	O	M	P	T	A	B	L	E	S
D	■	R	I	R	A	■		E	■	■	T	A	R	A	■
E	■	A	S	I	E	■	S	U	A	V	E	■	I	T	E
F	P	U	T	S	C	H	I	S	T	E	■	O	E	■	R
G	I	D	E	E	■	I	N	E	P	R	O	U	V	E	S

	1	2	3	4	5	6	7	8	9	10	11	12	13	14	15
A	T	Y	R	A	N	D	O	M	E	S	T	I	Q	U	E
B	O	E	I	L	■	R	S	A	■	O	B	T	U	■	C
C	P	N	E	U	M	A	T	I	Q	U	E	■	I	S	O
D	L	■	B	■	A	G	E	■	■	R	O	N	G	E	S
E	E	M	B	R	O	U	I	L	L	A	M	I	N	I	S
F	S	U	A	I	R	E	■	O	U	T	■	N	O	N	E
G	S	E	R	V	I	E	T	T	E	E	P	O	N	G	E

97

	1	2	3	4	5	6	7	8	9	10	11	12	13	14	15	16
A	C	Y	R	A	N	O	D	E	B	E	R	G	E	R	A	C
B	R	■	O	■	U	R	■	D	A	M	■	O	U	■	U	R
C	A	U	B	E	R	G	E	E	S	P	A	G	N	O	L	E
D	Y	V	E	S	S	A	I	N	T	L	A	U	R	E	N	T
E	O	■	R	■	E	N	R	T	E	I	■	E	M	I	E	E
F	N	O	T	A	■	E	T	E	■	E	N	S	I	L	E	S

98

	1	2	3	4	5	6	7	8	9	10	11	12	13	14	15	16
A	C	H	A	S	S	E	S	O	U	S	M	A	R	I	N	E
B	I	■	R	O	T	■	P	B	■	C	U	T	I	■	A	T
C	M	A	R	I	E	C	O	U	C	H	E	T	O	I	L	A
D	E	L	I	E	R	A	I	T	■	E	■	E	■	N	I	B
E	N	O	M	■	A	■	L	■	E	M	O	N	D	E	■	L
F	T	I	E	N	T	L	A	C	H	A	N	D	E	L	L	E

99

	1	2	3	4	5	6	7	8	9	10	11	12	13	14	15	16
A	L	A	F	U	I	T	E	A	V	A	R	E	N	N	E	S
B	I	L	O	T	■	U	T	■	E	M	E	T	■	O	L	I
C	E	A	G	L	E	■	A	R	N	■	D	U	I	T	E	■
D	U	S	■	E	V	E	■	V	E	L	O	D	R	O	M	E
E	D	T	I	R	A	S	E	■	L	■	U	E	A	I	E	L
F	I	O	C	U	S	■	P	A	L	O	T	S	■	R	N	B
G	T	R	A	C	A	S	S	I	E	R	E	■	F	E	T	E

100

	1	2	3	4	5	6	7	8	9	10	11	12	13	14	15	16	17
A	D	O	M	M	A	G	E	C	O	L	L	A	T	E	R	A	L
B	E	P	E	U	L	E	■	L	U	I	■	S	E	M	A	■	O
C	C	A	D	R	E	N	O	I	R	D	E	S	A	U	M	U	R
D	A	L	I	E	N	E	■	E	L	O	D	E	E	■	P	N	G
E	T	I	A	N	■	■	A	N	A	■	E	N	T	R	A	I	N
F	I	N	T	E	R	N	A	T	I	O	N	A	L	I	S	T	E

211

CONTACT : 100grilles@free.fr

Édition : BoD – Books on Demand, 12/14 rond-point des Champs-Élysées, 75008 Paris
Impression : BoD - Books on Demand, Norderstedt, Allemagne
ISBN : 9782322252961
Dépôt légal : Octobre 2020